La propreté

La vie de famille

Des repères pour vivre avec vos enfants de 0 à 7 ans

Collection dirigée par
Sybil Clerc

L'appétit, Sylviane Bonnot-Matheron
La jalousie, Danielle Dalloz

ISBN 2.227.06755.1

3, rue Bayard, 75008 Paris

EMMANUELLE RIGON
avec VÉRONIQUE ROLLAND

La propreté

Bayard Éditions

Avec la collaboration éditoriale
de Laure Saint-Marc

Sommaire

À la mémoire de ma mère

Introduction

Votre bébé se salit alors que vous venez de le changer pour sortir... Votre enfant rentre de la crèche avec des vêtements tout tachés, quand il n'est pas peinturluré de la tête aux pieds... Ou bien il refuse de se laver les mains avant de passer à table... Quant à l'apprentissage du pot, ce n'est pas toujours aussi simple que vous le souhaiteriez !

Autant de situations auxquelles vous êtes confronté et qui, peut-être, vous découragent. Et il est vrai qu'il y a parfois de quoi... Tous les parents ont un jour rêvé d'avoir un enfant toujours propre et soigné. Car nous sommes tous soucieux de son hygiène et de sa présentation.

Mais cela ne va pas de soi. La propreté n'est pas innée, et l'enfant, au début de sa vie, n'en a pas la moindre notion. Dans les premières années, il ne saisit pas bien non plus son importance. C'est donc à nous, parents, de la lui inculquer. Et il faudra faire preuve de patience. Car, comme tous les apprentissages, celui de la propreté est une succession d'essais, de succès et... d'échecs.

Je ne vous donnerai donc pas de recettes pour que votre enfant soit propre le plus rapidement possible. Mais je tenterai plutôt de vous apporter les informations nécessaires à une meilleure compréhension de son comportement. Vous serez ainsi en mesure d'adapter vos exigences à son développement : cela vous évitera bien des déceptions et des inquiétudes à vous, mais aussi à votre enfant...

Tous les âges que je donnerai dans cet ouvrage sont indicatifs. Si l'évolution de votre enfant ne correspond pas toujours à ces moyennes, vous ne devez en aucun cas vous en inquiéter. Ce qui est important, et que vous devez garder à l'esprit, c'est que votre enfant est unique et que vous saurez répondre à ses attentes si vous restez à son écoute.

1

Propreté et hygiène

La nourrice de Léa lui a encore retiré son doudou sous prétexte que ce vieux machin qui traîne partout est plein de microbes... La mère de la petite fille n'est pas d'accord. Pour elle, il n'est pas très important que le doudou soit un peu sale. Et puis Léa l'aime comme ça : un doudou propre, ça n'est plus vraiment un doudou ! La nourrice pense sans doute que cette maman n'est décidément pas bien « propre » et qu'elle n'élève pas sa fille assez rigoureusement en matière d'hygiène...

Le doudou est en effet souvent source de conflit entre mère et nourrice ou mère et grand-mère, car chacune a sa vision de l'hygiène et de la propreté. Or la vraie question est de savoir si ce qui est hygiénique est forcément « propre » au sens où l'entend la nourrice de Léa, c'est-à-dire impeccable.

La perception de l'hygiène a évolué

Quelle définition peut-on donner de l'hygiène ? Disons que c'est l'ensemble des règles et pratiques nécessaires pour conserver – voire améliorer – la santé.

La notion d'hygiène ne tient plus exactement la place d'honneur qui était la sienne dans les années 60-70 dans les collectivités d'enfants. En effet, à cette époque, l'hygiène avait un rôle éducatif prépondérant, voire prioritaire. Et, comme elle était souvent confondue avec la propreté, les règles imposées devenaient parfois écrasantes pour la liberté de mouvement des enfants.

Aujourd'hui, l'éducation est plus souple. Cependant, hormis quelques conseils parfois reçus en maternité d'une puéricultrice méticuleuse, nous, parents, manquons souvent de repères individuels objectifs pour ce qui concerne l'hygiène du bébé, puis plus tard de l'enfant.

C'est pourquoi en ce domaine, le plus souvent, on se fie à son intuition, à son bon sens et surtout à l'éducation que l'on a soi-même reçue dans l'enfance. Mais le risque est alors de se trouver bien vite enfermé dans un repérage presque uniquement familial. Notamment, la confusion des notions d'hygiène et de propreté peut persister. Nous pouvons ainsi être très rigoureux avec notre enfant et compromettre sa liberté à explorer son environnement ou à disposer librement de son corps. Inversement, si nous avons reçu une éducation « hygiéniste » ressentie comme coercitive, par désir de nous y opposer, nous pouvons, sans le vouloir, risquer de ne pas respecter des principes élémentaires.

Ainsi, l'éducation que nous donnons ne répond pas à des critères précis et objectifs. Mais elle est une réaction à celle que nous avons reçue de nos propres parents. Les habitudes que nous avons acquises, enfant, se prolongent, ou sont abandonnées par opposition, et il est parfois difficile de prendre du recul. C'est pourquoi il me semblait important de vous proposer quelques repères.

L'hygiène n'équivaut pas toujours à la propreté

L'hygiène est évidemment un point important de l'éducation de l'enfant, tant pour sa sécurité et son bon développement que pour ses repères psychologiques et sociaux présents et ultérieurs. Mais il est important de la différencier de la propreté.

Une des caractéristiques – et des difficultés – majeures de l'hygiène est essentiellement qu'elle combat des dangers invisibles : les microbes, les sucres qui attaquent les dents... Pour simplifier, on peut donc dire que l'ennemi de l'hygiène n'a pas de visage.

La propreté, elle, relève plutôt de ce qui se voit (et parfois se sent). Elle aura généralement un impact social : par exemple, on ne va pas en visite avec un pull plein de taches.

Donc, il est plus facile d'avoir des repères en matière de propreté, plus facile aussi pour les parents d'intervenir. Cependant, ce qui n'est pas propre n'est pas non plus forcément sale ou non hygiénique. Par exemple, une tache de peinture n'est pas sale ; elle peut être dérangeante. Un doudou grisâtre n'est certainement pas très engageant pour l'adulte, mais transporte avec lui, à travers l'odeur, toute une charge affective extrêmement rassurante pour l'enfant.

L'importance de l'apprentissage : parler à votre enfant

Paul, mon fils de 4 ans, est encore rentré de l'école avec la consigne donnée par la maîtresse de vérifier s'il n'a pas de poux... C'est la troisième fois depuis la rentrée et cela m'horrifie qu'il y ait un tel manque d'hygiène à l'école...

Paul a maintenant très peur d'en attraper, il dit qu'avoir des poux c'est être « très sale et pas beau ». Comment aborder de façon plus détendue ces situations qui me hérissent ?

Comme souvent, les réactions des petits enfants sont calquées sur celles de leurs parents. Ici les craintes d'une maman un peu obnubilée par l'hygiène – et qui manque sans doute d'information – deviennent celles de l'enfant (qui en plus fantasme : pour lui, avoir des poux signifie être sale, ce qui équivaut à être repoussant) et il n'a pas les moyens de se faire sa propre opinion sur une question sensible.

La hantise des poux et l'opprobre social redouté par la mère de Paul suscitent chez lui de l'angoisse et des sentiments très négatifs sur lui-même : il imagine devenir à son tour un enfant dégoûtant et rejeté... Et la réaction de sa mère risque d'induire chez lui un comportement obsessionnel autour de la saleté ou de déclencher une phobie des « petites bêtes » en général.

Il vaudrait mieux ici dire à l'enfant que l'hébergement de poux n'est pas nécessairement lié à une absence d'hygiène, il est dû avant tout à une contamination par la promiscuité scolaire. Par ailleurs, certains enfants semblent avoir des cheveux auxquels les petites bêtes indésirables s'accrochent plus volontiers, sans qu'ils soient plus sales que d'autres. Le pou se nourrit de sang et non de saleté.

Il est donc nécessaire d'expliquer à Paul comment il peut essayer d'éviter la contamination et quels traitements on appliquera s'il lui arrive d'avoir des poux, afin qu'il panique moins lors d'une épidémie. Il est particulièrement important d'insister sur la banalité d'une telle situation et sur son caractère inoffensif.

Ainsi, dans le domaine de l'hygiène et de la propreté – comme dans bien d'autres domaines –, il est capital de communiquer avec votre enfant et de lui expliquer quel est votre souci de parents, la nature des risques que vous voulez lui éviter, et l'utilité de se prémunir. Si votre enfant comprend tout cela, il n'aura pas l'impression qu'on l'enferme sans explication dans des interdits. Et cela lui évitera de percevoir le monde extérieur comme menaçant pour sa santé et sa personne.

Par exemple, sans entrer dans les détails, il est utile pour un enfant de savoir que l'on se protège des microbes en évitant de porter à sa bouche des objets suspects (trouvés par terre dans la rue), de manger quelque chose déjà entamé et laissé sur un coin de banc à l'école...

Ces conversations sont l'occasion d'énoncer les règles d'hygiène de base (se laver les mains, enlever ses chaussures dans une chambre de bébé, etc.) et de les faire appliquer.

Mais l'exigence d'hygiène peut cacher autre chose...

L'exemple que je vais citer ne relève pas exactement de la prévention sanitaire ou de la propreté. Si je le raconte tout de même, c'est dans le but d'attirer votre attention sur ce que, parfois, peuvent exprimer certains dégoûts apparemment justifiés... mais en fait destinés à faire passer des messages d'un autre ordre aux parents !

Mes deux jumelles de 5 ans partagent beaucoup de jeux et même d'affaires personnelles.

Elles s'entendent bien la plupart du temps. Aussi suis-je d'autant plus surprise lorsque je propose à l'une d'elles, Laura, de finir un jus de fruit à peine entamé par sa sœur Sarah. Laura pousse des cris de dégoût et me dit qu'elle ne veut pas avoir les microbes de sa sœur ! La même réaction se produit si je lui tends une cuiller qui aurait été effleurée par la bouche de Sarah. Que dois-je en déduire ?

Il est fréquent dans le cas d'enfants très proches en âge – *a fortiori* chez des jumeaux – que les parents, pour des raisons de commodité, fassent les mêmes choses pour l'un et l'autre : jouets semblables, goûters identiques, mêmes tenues vestimentaires, etc.

Parfois, cette non-différenciation, souvent inconsciente, voire involontaire, de la part des parents, va trop loin au goût des enfants : on se ressemble et on s'aime bien, d'accord, mais de là à manger dans la même assiette ou à ne plus savoir ce qui m'appartient et ce qui est à l'autre... non !

Ainsi, Laura essaie de faire entendre sa différence par rapport à sa sœur et de marquer les territoires de chacune : ce qui est à Sarah n'est pas à moi et ce qu'elle choisit de boire ou de manger la regarde, elle, sans que je sois obligée de compléter ou de prendre sa part en cas de refus...

Et pour cela, elle s'appuie sur des raisons hygiéniques, particulièrement recevables par ses parents puisque ce sont eux qui lui inculquent de telles notions. Ainsi, il s'agit davantage ici de l'expression d'un désir de différenciation que de celle d'une phobie des microbes.

Il était nécessaire de poser certains repères en matière d'hygiène (santé) et de propreté. Ainsi, nous pouvons laisser une plus grande liberté à notre enfant pendant ses activités : il lui est interdit de se traîner sur les trottoirs en ville ; en revanche, à la maison, liberté lui est laissée de ramper et de se rouler sur le sol... Un bébé ne doit pas porter à sa bouche des objets ramassés dans la rue, mais il peut suçoter ses jouets à loisir dans sa chambre... Si un petit enfant est baigné soigneusement tous les soirs, il lui est permis d'être maladroit en mangeant sa compote...

Nous allons revenir sur tout cela en détail au fil de cet ouvrage.

2

Soins du corps, soin de soi

Quel que soit son âge, vous vous posez certainement des questions au sujet de la propreté de votre enfant. Si c'est encore un nourrisson, peut-être êtes-vous débordés par les soins incessants à lui donner. Ou bien, s'il est plus âgé, ce sujet est peut-être entre vous source de conflit et vous avez du mal à en sortir...

Une des règles de base est de tenir compte de l'évolution de votre enfant. Suivant son âge, sa toilette ne se passera pas de la même manière. Et, si vous respectez ses capacités et ses désirs d'autonomie, tout se passera bien. En combinant souplesse et fermeté, vous allez petit à petit donner à votre enfant de bonnes habitudes.

L'enfant évolue...

Cela semble une évidence, et pourtant nous avons parfois tendance à l'oublier dans la vie quotidienne. Alors, mieux vaut nous le rappeler : l'enfant évolue, chaque jour, chaque semaine, à son rythme. Il nous faut donc essayer de ne pas exiger de lui plus que son développement du moment ne lui permet. Le rôle des parents étant d'accompagner l'enfant, de le soutenir dans son effort pour grandir, voyons ensemble les grandes phases de son développement.

Étape par étape

Le développement de l'enfant passe par des stades. Qu'est-ce qu'un stade ? C'est une phase de l'évolution pendant laquelle une région particulière du corps devient source privilégiée de satisfaction. Car l'enfant, même très petit, ne se contente pas de satisfaire des besoins : il cherche du plaisir.

En psychanalyse, on distingue habituellement le stade oral, le stade anal, le stade phallique (suivi de ce qu'on appelle la période de latence, puis de la puberté) et le stade génital. Pour nommer ces étapes successives, Freud a choisi d'évoquer la zone corporelle sensible à chacun des stades.

Je m'intéresserai plus particulièrement aux stades oral et anal, qui sont essentiels pour ce qui concerne les questions de la propreté. En comprenant comment s'organise l'évolution de votre enfant pendant ces périodes, vous pouvez éviter soit de freiner son développement par des interdits ou des mises en garde excessifs, soit de brûler les étapes en exigeant trop de lui. Ainsi serez-vous en mesure de réévaluer certaines situations et de repartir du bon pied.

« Il met tout à la bouche »

Le stade oral (entre 0 et 12-18 mois) est cette époque de la vie où la zone bucco-pharyngée est particulièrement sensible. C'est par elle que passent deux éléments vitaux – l'air et la nourriture – et ce passage donne du plaisir à l'enfant. Il aime donc sucer, suçoter, même quand il ne s'agit plus de satisfaire sa faim.

Aussi, tandis qu'il grandit et qu'il s'intéresse de plus en plus à ce qui l'entoure, il met à la bouche. Naturellement, vous avez parfois à intervenir pour prévenir les risques sanitaires et les risques d'asphyxie par incorporation de petits objets. Mais peut-être le faites-vous aussi par réflexe... Parce que « c'est sale », par exemple. Mais l'est-ce vraiment ?

Au stade oral, l'enfant découvre le monde avec sa bouche. Il apprécie qu'on laisse de petits objets à sa portée pour les suçoter. Si vous jugez qu'un objet présente un danger pour sa sécurité ou pour sa santé, retirez-le-lui, en lui expliquant pourquoi, en lui donnant la vraie raison de votre geste préventif. Il sera frustré et peut pleurer, mais cette frustration sera éducative. Tandis que lui dire « c'est sale », alors que ça ne l'est pas, ou simplement que c'est dangereux sera frustrant sans être éducatif.

Vers l'autonomie

Deuxième phase du développement, le stade anal (autour de 2 ans et jusqu'à 5 ans) est l'époque de la vie où la région anale prend de l'importance pour l'enfant. Le plaisir naît à la fois de la toilette des fesses (les soins, les gestes, les mimiques et les paroles que vous lui prodiguez alors...), et des sensations éprouvées à l'intérieur de soi, dans les sphincters (la progression des selles dans le sphincter, leur rétention ou leur expulsion...).

Car, à ce stade de son évolution, l'enfant atteint un degré de maturité nerveuse et musculaire qui va lui permettre une grande conquête : celle de la propreté sphinctérienne. Autrement dit, il est à présent en mesure, physiquement, de renoncer à ses couches. Là encore, il est très important de garder à l'esprit qu'il n'avait pas les moyens physiologiques de contrôler ses sphincters avant cette époque-là parce que son système nerveux était encore imparfait.

En même temps, l'enfant évolue au niveau affectif et émotionnel. En acquérant la propreté sphinctérienne, il découvre beaucoup sur lui-même, sur ses parents, et sur le rôle que jouent dans cette affaire leurs demandes, leurs attentes et leur attitude.

Enfin, parce que désormais son développement neuromusculaire le lui permet, l'enfant ayant atteint ce stade a tout à la fois la possibilité et le besoin de beaucoup bouger. Il devient même souvent très actif : il se déplace, il explore l'espace ; mais aussi, alors qu'il se contentait jusque-là des objets qu'on lui proposait, il prend, il manipule, il jette ou déchire, etc.

Pour nous, parents, cette période est parfois difficile. Peut-être êtes-vous fatigués par cette activité débordante... Ou même inquiets parce que vous redoutez que votre enfant se fasse mal... Ou encore exaspérés parce qu'il se salit trop souvent... Autant de raisons de freiner son activité et ses manipulations. Or, je le répète, l'enfant a constamment besoin de bouger. Et nous verrons plus loin comment établir les limites.

Ainsi, entre un nouveau-né et un enfant de 5 ans, le rapport au corps n'est plus du tout le même et il est important de composer avec ce changement. C'est pourquoi je vais vous parler à présent des différentes attitudes à avoir selon l'âge de votre enfant. Je m'attarderai quelque peu sur le cas des bébés puisque, nous allons le voir, les premiers soins corporels mettent en jeu bien plus que de l'hygiène.

Un bébé est-il sale ?

Bébé idéal, bébé réel

On ne le dira jamais assez : la naissance d'un (premier) bébé constitue souvent pour les parents un brutal atterrissage dans la réalité. L'enfant imaginaire – tout ce qui avait été envisagé, rêvé à son sujet avant sa naissance – cède la place à la réalité du bébé, avec de bonnes surprises, bien sûr, mais aussi des désagréments à affronter. Vous avez certainement vécu les difficultés de régurgitation et les rots souvent accompagnés de lait caillé, qu'il faut nettoyer... Parfois vous devez changer votre bébé entièrement parce que son pyjama est trempé... De plus, il lui arrive de faire ses besoins juste après tout ce change, ce qui nécessite encore du lavage et un changement de couche !

Il y a de quoi être dérouté, d'autant plus que, avant la naissance, vous n'avez été que très rarement informés de la charge de cet entretien quotidien et vous n'en aviez probablement pas pris la mesure. En effet, l'équipe médicale se préoccupe plus volontiers de la santé du bébé. L'entourage familial féminin, quant à lui, parle plutôt de l'accouchement ou des contraintes qu'entraîne l'arrivée d'un bébé. Enfin, les livres évoquent essentiellement les difficultés psychologiques autour de la naissance ou détaillent l'évolution psychomotrice de l'enfant. Mais les aspects pratiques et salissants du quotidien ne sont pas souvent abordés...

Certes, ces aspects-là ne sont pas essentiels, mais ils constituent pourtant un passage obligé de la relation que vous aurez avec votre enfant. Pourquoi ? Parce que, bien au-delà des questions d'hygiène, ils permettent au bébé de faire ses tout premiers pas vers la conscience de son corps, par le biais de sensations nées de vos gestes et de vos mots quand vous lui prodiguez des soins. Gestes, mimiques et mots qui vont l'aider à se constituer comme sujet, comme une personne à part entière.

Vous donnez au bébé le sentiment d'être au monde

Le nourrisson ressent son corps essentiellement parce que celui-ci se manifeste : le sentiment de bien-être découle de la sensation de satiété ; l'inconfort ou la douleur viennent, par exemple, d'un gaz intestinal... On pense même qu'il est capable d'éprouver ces sensations corporelles avant la naissance. Mais – fait nouveau – avec la venue au monde, par l'intermédiaire de son corps, se mettent en place les interactions du bébé avec le monde extérieur. En effet, ses productions (corporelles, naturelles) vont faire réagir son entourage, créer des relations. Ainsi, ses cris vont déclencher chez vous une série de comportements, adaptés à ce que vous comprenez de la demande de votre enfant. Et c'est à travers les soins que vous lui donnez et ce que vous ressentez à ce moment-là que se constituent chez votre enfant les premières bases du sentiment d'être au monde.

Par exemple, vous allez très rapidement valoriser, voire solliciter certains actes de votre bébé : son sourire, le rot après la tétée, la tenue de sa tête... Grâce à ces sollicitations, votre enfant va accéder à une reconnaissance, et trouver sa place dans une relation avec l'autre.

En revanche, vous aurez peut-être plus de mal à encourager les actes qui correspondent moins ou mal à l'idée ou à l'image que l'on se fait d'un petit enfant. Il s'agit principalement des aspects salissants, tels les bavements ou les déjections, comportements involontaires qui peuvent apparaître comme sales et peu ragoûtants. De même, les selles du nouveau-né suscitent des réactions très diverses chez les parents. Si la répugnance domine, il est difficile de ne pas l'exprimer par des mots ou des gestes. L'image alors renvoyée à l'enfant est celle d'un bébé « encore » sale, qui bave tout le temps, qui a de nouveau sali son pyjama ou ses couches...

Or, la manière dont l'enfant est changé, ce que l'on va dire ou faire de ses excréments est tout à fait important pour qu'il se sente admis, même dans ses comportements les plus incommodants pour le parent ou l'entourage. Si le bébé se sent accepté dans son corps grâce à des soins prodigués de manière enthousiaste, il se sentira, aussi, accepté dans la globalité de sa personne.

Cependant, si vous avez du mal à manifester de l'enthousiasme quand votre enfant se salit, vous ne devez pas vous culpabiliser pour autant. Vous continuerez de toute manière à lui manifester des marques d'amour à d'autres moments... Et c'est en composant avec cette ambivalence maternelle que l'enfant va devoir se construire.

Certains nourrissons choisissent d'« aider » leur parent. Le bébé qui ne se sent pas accepté dans toute sa dimension peut choisir de faire tout ce qu'il peut, dans les limites de ce qu'il maîtrise, pour tenter de vous rassurer. Il fera ses nuits rapidement, pleurera peu et mangera beaucoup. Il peut le vivre très bien parce que cela correspond à son rythme et à son tempérament, et il n'y a pas lieu de s'en inquiéter. Simplement il ne faut pas trop lui en demander de façon qu'il ne sache plus vraiment où il est dans tout cela et ce qu'il veut vraiment.

D'autres nourrissons se rebellent contre ce qu'ils perçoivent comme un rejet d'eux, conscient ou non. Ils se rebellent à travers tout l'entretien, le travail qu'ils requièrent, ils vont en rajouter, se situant d'emblée dans une perspective d'opposition.

On observera alors des petits enfants dont on prétend qu'ils sont très râleurs, qui se salissent excessivement, et d'autant plus que les parents fatigués et découragés de se sentir en échec renoncent un peu... Là encore, il est important que vous, parents, preniez de la distance avec l'apparence extérieure de l'enfant, et peu à peu, si les salissures sont moins au centre de vos préoccupations, elles auront tendance à diminuer, de même que le caractère boudeur.

Votre bébé, ce n'est pas vous

Écoutons ce que cette maman a remarqué.

Une de mes amies s'excuse tout le temps lorsque sa fille de 4 mois, Louise, fait un rot, ou lorsqu'elle a sali sa couche... Elle paraît extrêmement gênée si une odeur de caca se fait sentir... Pourtant, toutes ces manifestations du bébé sont naturelles, non ? Même si elles ne sont pas objectivement agréables !

La maman de Louise confond manifestement ce qui est de son ressort et ce qui, tout naturellement, ne dépend que de son enfant.

C'est principalement dans un souci de faire oublier ce qui serait désagréable qu'elle s'empresse de s'excuser pour tout incident incommodant. Ce faisant, elle s'attribue un peu le corps et la liberté de mouvement de son bébé. Elle a probablement du mal à trouver sa place et, par extension, à accepter celle de son enfant. Car de même que l'enfant nouveau-né se sent lié à sa mère de manière très fusionnelle, la mère peut avoir l'impression qu'elle ne fait qu'un avec son bébé et faire une affaire personnelle de ce qui le concerne, lui. Alors, elle peut être amenée à se sentir négligée elle-même parce que son enfant est sale, comme si le comportement et l'aspect extérieur du bébé étaient des prolongements d'elle-même.

Or, même s'il est totalement dépendant de vous, dès la naissance un bébé est un individu à part entière. Vos règles de vie et l'allure du nouveau-né ne peuvent pas être amalgamées. Et vous n'avez pas à vous sentir coupable d'une salissure de votre enfant, car il est impossible de maintenir un bébé net quels que soient les aléas de la digestion, des activités exploratrices... Si votre enfant se salit, cela ne signifie aucunement que vous avez échoué dans votre rôle de mère. Car votre place auprès de votre enfant ne se réduit pas à un pur défi matériel : un bébé propre à tout prix.

Votre enfant a besoin avant tout que vous teniez compte de sa dimension humaine. Il a besoin que vous soyez à son écoute, que vous communiquiez avec lui. Bien sûr, vous devez veiller à son bien-être corporel, en changeant ses couches mouillées par exemple. Mais cela n'a rien à voir avec un pyjama taché... Si vous êtes plus détendue pour ce qui concerne la propreté de votre enfant, vous serez plus libre et lui aussi, car il n'aura pas peur de vous déplaire. Tandis que, s'il sent que vous êtes fatiguée ou découragée de le changer sans arrêt, il risque de se percevoir comme dérangeant.

... ni votre miroir

Bien sûr, la maman en particulier a certainement besoin d'être valorisée par son bébé, surtout si elle a beaucoup attendu de sa naissance. Mais elle doit avoir confiance en elle et ne pas craindre d'être perçue comme une mauvaise mère. Dans certains cas, si l'accouchement fait suite à une grossesse surinvestie sur un plan narcissique, le nouveau-né peut avoir la charge de gratifier sa mère constamment. Cette mère vivra en effet comme une atteinte directe à son intégrité tout dérapage par rapport à ce qui est attendu en termes d'image et d'attitude de la part du bébé. Il ne doit pas baver, faire caca le moins possible, ne pas vomir, ne pas être enrhumé (c'est sale, un nez qui coule...), ne pas trop pleurer (ça fait couler le nez !).

Ce sont les manifestations extérieures du bébé qui sont prises en compte, vues comme peu esthétiques, dérangeantes par rapport à l'image parfaite et lisse que cherche à donner cette mère du couple maman-bébé. Si elle le trouve sale, c'est alors une faille insupportable, le bébé ne la comble plus. Les relations affectives mère-enfant sont ainsi conditionnées par l'apparence du bébé, qui ne dépend pas de lui.

Ce n'est pas toujours facile, me direz-vous, surtout quand l'entourage accentue ce sentiment de ne pas être à la hauteur. Voici, par exemple, ce que me confiait une maman.

À la crèche de mon fils, je suis parfois étonnée d'entendre des jugements de valeur sur les parents, semblant découler uniquement de la manière dont les enfants sont prétendument « tenus propres »... Les parents sont de bons parents si l'enfant n'est pas barbouillé ou a des couches impeccables...

Il existe parfois une certaine confusion entre la nécessité d'hygiène autour d'un enfant et la liberté de mouvement qui peut lui être laissée et qui entraîne une tenue moins impeccable.

Aussi, du fait de son apparence – moins impeccable que celle d'un autre bébé dont la mère a plus de temps ou est plus soucieuse de l'aspect et de la saleté –, un bébé pourra donner à certains l'impression que l'on s'occupe moins bien de lui. Ce qui est, naturellement, tout à fait faux dans la plupart des cas.

Alors ne vous préoccupez pas de ces préjugés qui identifient trop souvent de manière hâtive un bébé à ses parents. Un bébé mal habillé signale-t-il des parents peu aimants...? Bien sûr que non !

Si vous n'avez pas beaucoup de temps, il est certainement préférable de passer plus de temps à jouer avec votre bébé que de lui changer pour la troisième fois un vêtement légèrement taché.

Après 2 ans : « À quoi ça sert de se laver ? »

Tous les jours, la maman de Jérôme, 5 ans, doit le persuader d'aller prendre son bain et de se laver les cheveux... Il n'aime pas trop ça et, d'ailleurs, il ne voit pas à quoi ça sert de se laver et d'être propre puisque, demain, il va encore rentrer très sale de l'école. En tout cas, c'est ce que sa maman ne cesse de lui répéter. Même lorsqu'il n'a fait que jouer avec ses copains dans la cour ! Comment s'y retrouver, dans toutes ces obligations et comment savoir ce qui est vraiment sale ? Lui, ce qu'il aime, c'est jouer à son aise. Le reste, ce n'est pas bien grave...

Même si notre rapport au corps est devenu moins tabou et s'est assoupli, la propreté suppose et supposera toujours une rigueur qu'un enfant a souvent du mal à admettre, sinon à comprendre.

Comme pour d'autres apprentissages, il est donc indispensable de ne pas mettre la barre trop haut et de donner quelques repères fixes, tout en tenant compte de l'âge de l'enfant.

Donner des repères fixes

Vous êtes peut-être surpris d'apprendre que votre enfant va se laver les mains sans qu'on le lui demande à la crèche ou à l'école, alors qu'à la maison il en fait toute une histoire. Il est vrai que souvent les enfants acceptent mieux les contraintes à l'école parce qu'ils savent qu'ils y sont pour apprendre. Mais on peut avancer une autre raison à cela.

Dans les collectivités d'enfants, ceux-ci retiennent bien les habitudes de propreté et d'hygiène parce que les consignes sont fixes, répétées, et qu'on n'y déroge jamais... Les enfants apprennent qu'il faut toujours se laver les mains avant de descendre à la cantine ou de goûter, et après être passé aux toilettes... Ensuite, ces attitudes face à la propreté et à la saleté deviennent spontanées et s'inscrivent comme un comportement naturel dans la vie.

En revanche, en famille, les repères sont parfois flous ou varient d'un jour à l'autre, d'une situation à l'autre. Par exemple, à la fin de la journée, vous êtes trop fatigués pour insister auprès de votre enfant qui rechigne à se laver les mains, les dents, etc.

Pourtant, dans la mesure du possible, il faut s'en tenir à quelques règles et ne pas y revenir. Sinon, que risque-t-il de se passer ? Se laver les mains avant de passer à table, par exemple, peut être interprété par l'enfant non pas comme une consigne d'hygiène incontournable, mais comme une injonction arbitraire du parent, inscrite dans un rapport de force. On quitte le terrain de l'hygiène corporelle (indépendante de la relation) pour se déplacer sur celui de l'autorité et de l'opposition qu'elle peut amener en réaction. Ainsi, « Lave-toi les mains » devient « Obéis à cette injonction que je pose » et le champ est ouvert pour une bataille rangée qui n'a plus rien à voir avec l'objectif premier de propreté !

Et vous, où en êtes-vous avec la propreté ?

Afin d'aborder sereinement la propreté avec votre enfant, il est important de savoir comment vous-même, vous l'appréhendez.

À ce sujet, écoutons ce que confie cette mère.

Je suis gênée par mes réactions impulsives et parfois très agressives vis-à-vis de mes enfants de 2 ans, jumeaux. Il m'est arrivé de leur mettre le nez sur une culotte pleine de pipi à la suite d'un « accident » ; je ne supporte pas non plus qu'ils se salissent quand ils jouent dans un jardin... Je ne comprends pas mes réactions, d'autant que j'ai été élevée de manière stricte et que j'aimerais sincèrement donner plus de liberté à mes enfants.

Cette mère – à qui a été inculquée sans doute très tôt la nécessité de contrôler son corps – réagit viscéralement lorsqu'elle constate que ses enfants sont dans une pulsion contraire.

Comment pourrait-elle supporter qu'ils se salissent, puisque cette possibilité ne lui a pas été laissée quand elle-même était petite ? Comment accepter la saleté alors qu'enfant elle l'a vécue dans une atmosphère de culpabilité ? Ce sentiment n'ayant peut-être pas trouvé de mots, à l'époque, pour s'exprimer, il n'en trouve toujours pas maintenant, et pousse cette mère à agir de manière brusque avec ses enfants. On peut dire que sa culpabilité s'exprime ainsi en projection sur eux : elle se sent coupable si ses enfants ne correspondent pas au modèle parental qu'elle a reçu lorsqu'elle était petite et dont, pourtant, elle aimerait se détacher.

Cette histoire est un bon exemple de la reproduction du schéma familial d'une génération à une autre. Il est vrai que, comme nous l'avons vu, dans le domaine de la propreté, nous sommes très souvent influencés par l'éducation que nous avons nous-mêmes reçue. Pourtant, nous n'en sommes pas toujours conscients. C'est pourquoi il peut être intéressant de réfléchir à ce que vous éprouvez quand vous lavez votre enfant. Le lavez-vous par nécessité (pour son hygiène ou par souci de son apparence extérieure, par exemple) ? Le lavez-vous pour son bien-être ? Effectuez-vous ce nettoyage mécaniquement, avec agacement, avec plaisir ?

Bien sûr, selon les jours et les circonstances, ces sentiments peuvent varier, ou se mêler. On a le droit d'être fatigué et d'expédier le bain, parfois... Cependant, il est important que l'enfant ne se sente pas mis en cause, que ce moment reste agréable pour lui.

Respecter la prise en charge de son corps par l'enfant

La toilette est un moment d'intimité privilégié pour votre enfant, au cours duquel il fait connaissance avec son corps. Il va progressivement se l'approprier en se passant tout aussi progressivement de votre assistance mais pas, je le précise, de votre surveillance – on ne laisse pas seul un enfant dans une baignoire avant l'âge de 5 ou 6 ans – ou tout simplement de votre affectueuse compagnie. Pour ce qui concerne la douche, il est prudent de surveiller constamment la température de l'eau qui sort du pommeau de douche. Avant 9 ans, mieux vaut être à ses côtés pour intervenir en cas de problème.

En matière de propreté et d'hygiène, notre rôle délicat de parent est donc de trouver, selon les âges et les rythmes de chaque enfant, la juste mesure entre l'incursion dans le domaine privé de l'enfant (il faut lui prodiguer des soins intimes) et une simple démonstration (des gestes à faire, des réflexes à avoir) de ce qu'il va être progressivement amené à prendre en charge seul.

Vers 2 ans, l'enfant prend conscience de son physique. À cet âge, notre habileté de parents consiste donc à ne pas déposséder l'enfant de son corps tout en l'aidant – et il en a encore bien besoin – à rester propre... Mais les notions de propre et de sale ne sont pas pour lui bien précises. Il les confond facilement avec les notions de bien et de mal, pour peu que le langage associé aux moments réservés à l'hygiène soit inapproprié. Aussi, mettre les mots exacts sur ce que l'on fait en lavant l'enfant (en nommant au besoin les parties du corps, en disant qu'on savonne, qu'on rince...) participe à sa prise de conscience corporelle.

Vers 3-4 ans, votre enfant connaît de mieux en mieux les règles d'hygiène et la façon d'être propre. Sauf cas de crise d'opposition majeure, il sait en principe mieux se contrôler par rapport à la saleté, et il a acquis la propreté sphinctérienne. Il devient donc de plus en plus autonome... mais n'a pas forcément envie de suivre toutes les règles ! C'est pourquoi vous devez continuer d'insister sur la prise en compte de repères donnés depuis quelque temps déjà, concernant l'hygiène essentiellement (se laver les mains, les dents, ne pas se traîner par terre n'importe où, etc.).

En contrepartie, il est important, à ces âges-là, de ménager à votre enfant de la liberté de mouvement – notamment dans le jeu et les repas –, sans trop vous crisper sur l'état des vêtements et sur celui de la petite figure barbouillée ! Si cela vous est difficile, dites-vous que ce n'est qu'un moment à passer. D'ailleurs, petit à petit, vous allez voir le plaisir d'être sale entrer en balance avec celui d'être propre. Car, après tout, il y a des avantages à la situation, et être beau, c'est aussi intéressant !

À la période œdipienne, en effet (vers 4 ans en général : un peu de patience !), l'enfant désire se présenter sous un jour agréable aux autres. Il a envie de séduire : le petit garçon veut plaire à sa mère, la petite fille être aussi jolie qu'elle...

Cette étape est franchie d'autant plus harmonieusement que l'enfant n'aura pas été trop culpabilisé à propos de tout ce qui concerne son corps, condition indispensable pour qu'il puisse considérer ce corps comme un moyen de séduction et non plus comme un instrument de pouvoir comme au stade précédent.

À partir de 5 ans, l'hygiène de base étant en principe acquise, la propreté peut être envisagée sous l'angle de ce qui « se fait » ou pas ! À cet âge, votre enfant est apte à intégrer certaines contraintes sans perdre de plaisir à ses activités et avec un résultat nettement plus propre ! Vous pouvez donc l'initier aux bonnes manières corporelles, dont les conséquences, à terme, ont toute leur importance au plan social.

Il peut être utile, par exemple, de corriger certaines attitudes corporelles. Rassurez-vous : il ne s'agit pas pour autant de transformer votre enfant en un automate rigide. Vous lui apporterez au contraire bien-être et aisance corporels.

Le moment de la toilette : quand le proposer ?

On ne met pas un enfant à la toilette de la même manière à 1 an qu'à 5 ans, car, nous l'avons vu, petit à petit, votre enfant va l'appréhender de manière différente.

C'est vers 4 ans qu'un enfant devient capable de reproduire les gestes de lavage qu'il a vu faire par ses parents sur lui ou sur eux-mêmes. Il comprend aussi de mieux en mieux la nécessité sociale de se laver, encore que cette nécessité ait parfois du mal à s'imposer de manière stable et continue.

Pour les tout-petits

Néanmoins, vous pouvez discrètement encourager votre enfant à se débrouiller seul bien avant l'âge de 4 ans. En fait, dès qu'il le réclame... Les jeux du bain sont souvent les premiers indices d'un désir de s'autonomiser : par exemple, quand le tout-petit s'empare de l'éponge ou du gant. Naturellement, il ne sait pas s'en servir correctement (c'est-à-dire pour faire sa toilette), mais il vous indique à sa façon qu'il aimerait s'occuper de lui tout seul et on a tout intérêt à ne pas briser son élan en lui retirant ces objets de toilette (que parfois il détourne de leur véritable utilité).

Dans ce domaine, le moment optimal de l'esprit d'initiative se situe vers l'âge de 2 ans. Cela dit, ce désir d'autonomie est balancé par le plaisir qu'il y a à se laisser frotter, savonner, laver par papa ou maman. Donc, à vous de profiter des bonnes dispositions quand elles se présentent et de laisser l'enfant improviser quand il en manifeste l'envie !

Mais dans ce cas, comment réussir à le laver ? Rassurez-vous : un quart d'heure par soir passé dans l'eau savonneuse suffit à en ressortir propre, et deux lavages hebdomadaires méticuleux de votre part sont efficaces.

Un peu plus tard

Le moment du bain ou de la douche vient souvent interrompre une activité dans laquelle l'enfant est tout entier absorbé : jeu, visionnage d'un dessin animé...

Aussi, très souvent, ce n'est pas le bain lui-même qui est refusé, mais le fait de devoir arrêter séance tenante un jeu, ou de renoncer immédiatement à un moment de détente particulièrement agréable. Il vous faut donc essayer de préparer psychologiquement votre enfant à s'extraire de ce qui l'occupe : « Tu termines ce que tu es en train de faire, et ensuite tu viens te laver... Encore dix petites minutes, puis tu sautes dans la baignoire !... Je te laisse finir de regarder ton émission, mais ensuite, pas d'histoires, tu viens faire ta toilette... »

Préparer l'enfant au bain est un moyen efficace d'en assurer l'agrément. Cependant, il est capital de ne pas lui faire perdre de vue l'objectif principal qui est de se laver. Car un enfant peut refuser d'aller au bain sans percevoir qu'il s'agit de procéder à un acte d'hygiène. Lui expliquer pourquoi il est nécessaire de se laver est très important pour l'aider à intégrer les normes sociales. Et, dès 3 ans, votre enfant est apte à le comprendre. S'il est clair pour lui qu'il prend un bain ou une douche pour son bien-être, son hygiène, son aspect extérieur, il n'aura généralement pas de résistances durables à aller se laver.

Cependant, la manière et le moment de la toilette peuvent se discuter au fur et à mesure que votre enfant grandit. Comme pour l'alimentation, très rapidement, il va faire des choix et développer des goûts personnels. Par exemple, certains enfants ont horreur de la douche qui leur fait peur ; d'autres détestent la sensation de froid du corps mouillé incomplètement immergé dans l'eau. Si vous disposez de moyens permettant de le laver autrement, pourquoi ne pas respecter sa préférence ? La toilette se passera alors beaucoup mieux, pour lui comme pour vous.

Et s'il ne veut plus se laver seul ?

Voici la difficulté que rencontre la mère de Thomas.

Visiblement, Thomas, 4 ans et demi, a un problème avec l'eau depuis quelques semaines : il refuse de prendre son bain et veut que sa mère le lave, alors que jusque-là il acceptait très bien de prendre cela en charge.

Parallèlement, il rentre de plus en plus sale de l'école, couvert de peinture, de traces de feutres sur les mains, la figure, les vêtements.

Sa mère se pose des questions...

Un enfant qui grandit est sans cesse confronté dans sa vie à de nouveaux événements. Aussi, il a souvent besoin de se rassurer et son corps constitue une base de sécurité, un territoire personnel bien défini dans ses limites qu'il doit pouvoir retrouver avec une certaine liberté.

Par exemple, déléguer à un adulte en qui il a confiance le soin de s'en occuper pendant un temps peut être reposant, apaisant pour lui. C'est ainsi qu'un grand enfant (comme Thomas), habituellement autonome, pourra prendre plaisir et se calmer de certaines petites angoisses à être de nouveau un peu pris en charge à certains moments pour être lavé ou habillé. Il n'y a pas à s'en inquiéter.

On le voit, le petit enfant accède par étapes à la propreté et, pour y parvenir, il doit se situer sur plusieurs « fronts » et intégrer progressivement (et ce n'est pas simple) normes sociales, coordination motrice et maturation psychologique. Il a besoin de notre soutien, de notre compréhension et, surtout, que nous nous adaptions à son rythme. Car nous ne devons pas oublier que le corps de l'enfant est à lui et que chaque enfant est particulier.

3

L'apprentissage du pot

Au cours de sa deuxième année (vers 18 mois), votre enfant a bien intégré l'idée qu'il est un être indépendant, qu'il ne fait pas partie de sa mère, comme il le croyait quand il était bébé. Il va alors construire sa propre personnalité à travers des expériences, consistant notamment à prendre des initiatives, à tester vos limites, et surtout à affirmer son indépendance à tout moment. À cet âge, la manipulation prend une importance capitale.

C'est cette envie de maîtrise et d'autonomie qui va amener l'enfant à être propre, c'est-à-dire à gérer (sans votre aide ni celle des couches) ce qui se passe dans son propre corps. Mais il faut insister sur ce point : avant toute chose, la propreté est une affaire de maturation physique.

Pour être propre (c'est-à-dire capable de ne pas expulser ses selles n'importe où et n'importe quand), un enfant doit avoir la maîtrise physique de ses sphincters. Or, cette capacité est rarement atteinte avant 18 mois, qui est souvent l'âge auquel commence l'apprentissage du pot. Et l'âge moyen d'une propreté sereinement acquise se situe autour de 2 ans et demi.

L'acquisition de la propreté est donc d'abord le fait de l'enfant. Mais elle correspond aussi à un désir des parents. C'est le heurt de ces deux désirs, pas toujours synchrones, qui peut compliquer un peu le processus.

La découverte de l'ambivalence

Le stade anal est essentiellement marqué par la découverte de l'ambivalence.

D'une part, entre 18 mois et 3 ans, l'enfant va être bien souvent tiraillé entre des sentiments contraires : voyez comme il tape puis embrasse dans la seconde qui suit ; voyez comme il fait une chose et son contraire à très peu de temps d'intervalle... L'amour et la haine coexistent en lui ; et, à l'égard de ses parents, il a également des sentiments partagés. Ainsi, il a tout à la fois envie de leur faire plaisir en accédant à la propreté, et envie de s'opposer à eux en n'accédant pas à leur désir, pour rester seul maître de son corps.

Mais les parents aussi peuvent avoir des sentiments et des attitudes contradictoires, en particulier à l'égard des déjections de leur enfant. Si bien que ce dernier se demande à sa façon : « Comment cet objet “mauvais”, dont mes parents disent que ça ne sent pas bon et qu'il ne faut pas y toucher, peut-il devenir un “bon” objet quand mes parents ont l'air contents de le voir dans le pot ? » L'enfant est ainsi amené à considérer ses selles comme bonnes ou mauvaises selon que ses parents manifestent à leur égard tour à tour satisfaction ou dégoût.

Si les sentiments positifs dominent, l'enfant ressentira avec plaisir l'existence de ses matières fécales en lui et les expulsera sans problème avec l'idée d'en faire don à sa mère. Si la contradiction est trop marquée ou si les sentiments négatifs l'emportent, il est possible que l'enfant joue avec ses selles soit en les retenant de manière excessive, soit en les expulsant sans aucun contrôle, ce qui dans les deux cas est un moyen de s'opposer.

Alors que faire si l'ambiance s'alourdit ? Revenir au naturel ! Expliquer à l'enfant que les excréments, ce n'est ni bon ni mauvais : ce n'est rien d'autre qu'un déchet dont le corps n'a plus besoin et dont on se débarrasse.

Quand aborder la propreté ?

Vous êtes peut-être déroutés par ce que vous entendez sur la question. Entre les enfants des autres qui ont été propres à tel âge, les vieilles méthodes disciplinaires et les recettes pour réussir à tous les coups le passage à la propreté de votre enfant, il y a de quoi ne pas s'y retrouver.

Pourtant, vous allez voir qu'il n'y a pas « une » bonne méthode, si ce n'est l'écoute et le respect de votre enfant.

La discipline d'autrefois n'a plus lieu d'être

Voici ce que me déclara un jour une mère :

J'ai été propre moi-même à 14 mois, je ne m'en porte pas plus mal ! Pourquoi attendre plus tard pour mes propres enfants ? N'est-ce pas aussi leur donner le sens de la discipline que de les mettre sur le pot à heure fixe ?

Jusqu'à la fin des années 50, en effet, en matière d'éducation à la propreté, on ne laissait pas à l'enfant le temps d'exprimer sa volonté. Le plus souvent, on l'obligeait à être propre avant qu'il ait pris conscience de ses désirs et de ses besoins.

Pour quelles raisons agissait-on ainsi ?

Tout d'abord, tant que les lave-linge et les couches jetables sont restés très onéreux et donc peu répandus, il faut bien reconnaître que les mères d'enfants en langes avaient un travail terrible ! La fatigue était grande, et la tentation forte de « dresser » l'enfant aussi tôt que possible pour éviter des changes trop fréquents.

Aujourd'hui, convenons que cette raison domestique ne tient plus. Mais, c'est vrai, les changes jetables sont encore chers et l'argument économique est parfois évoqué par certains parents, qui demandent aux auxiliaires de puériculture, par exemple, de hâter un peu la propreté. Il semble donc indispensable de préciser que les bénéfices d'une acquisition de la propreté en temps opportun peuvent contrebalancer le sacrifice financier.

Toujours du temps des langes lavables, on s'inquiétait aussi des refroidissements et donc des troubles gastriques provoqués par le change souillé dans lequel « marinait » l'enfant. Là aussi, la couche jetable d'aujourd'hui permet de garder l'enfant au sec (la publicité nous le répète assez souvent), et en tout cas de vérifier s'il l'est.

À côté de ces raisons domestiques ou médicales, il y avait aussi – et cela persiste à notre époque – une certaine compétition entre les mères ou les nourrices : on faisait des comparaisons pour savoir qui avait l'enfant le plus précocement propre ; on se vantait d'avoir su s'y prendre, d'avoir des compétences d'éducatrice, et de l'autorité. Ce genre de rivalités existe toujours. Cela vaut certainement la peine de ne pas entrer dans le jeu.

Depuis, les connaissances en matière de psychologie de l'enfant ont considérablement évolué, surtout ces trente dernières années. On sait qu'en proposant à un enfant d'être à l'écoute de son corps et en attendant que se manifeste l'envie d'être propre, un parent lui laisse davantage de chances d'être bien dans sa peau et indépendant.

Il ne s'agit pas d'être laxiste, mais de laisser une certaine liberté à l'enfant autour de ce qui le concerne si intimement : son corps. Pour que lui et ses matières ne soient pas la chose de sa mère (ou de la personne dont vient la demande autoritaire). Pour que « faire » soit vraiment « agir » en fonction de désirs et de besoins qu'il aura bien identifiés et sentis en lui.

Comment savoir qu'un enfant est physiquement prêt ?

On ne peut pas voir l'état de maturité des sphincters, bien sûr ! En revanche, le degré de motricité de l'enfant est un bon indice. Comme ce degré varie d'un enfant à l'autre, il est important que vous soyez attentif, au cours de cette deuxième année de la vie, aux mouvements de votre enfant et à son aisance corporelle.

Il abordera mieux le pot, s'il sait :

– marcher ;

– se relever facilement quand il tombe ou quand il est assis ;

– monter et descendre un escalier ;

– shooter dans un ballon dans une direction donnée ;

– transporter et poser des objets fragiles ou remplis d'un liquide.

La réussite de tous ces mouvements réunis indique une maturité neuromusculaire suffisante et assez fine pour apprendre le pot.

Précisons qu'avant 2 ans, mettre un enfant sur le pot aux « bons moments » (c'est-à-dire après les repas, par exemple), c'est régler pour lui la défécation alors qu'il n'est pas encore bien capable de sentir son corps, d'évaluer ce qui lui est nécessaire à certains moments, de déterminer quels sont ses envies et ses besoins, notamment dans le bassin et la zone anale.

La maturité psychologique : être prêt dans sa tête

L'enfant qui accepte d'aller sur le pot et aux toilettes (donc de renoncer sereinement aux couches et à tout le *nursing* qui va avec) ne le fait que parce qu'il accepte de grandir. Pour cette raison, vous devez le rassurer suffisamment sur les avantages à être grand et sur le fait que vous continuerez à l'aimer même s'il ne se comporte plus comme un tout-petit.

L'apprentissage du pot s'effectuera mieux :

– si l'enfant termine sa crise d'opposition, ce moment critique où les nouvelles étapes ne sont pas facilement abordables parce qu'il se construit en disant systématiquement « non » ; en effet, au cours de cette période fragile, il n'est pas toujours simple pour lui d'accéder à vos demandes (aller sur le pot, par exemple) tout en conservant la maîtrise de la situation !

– s'il réclame le pot quand il voit un autre enfant faire dedans, par imitation ;

– s'il signale lui-même que sa couche est pleine ;

– s'il refuse franchement les couches, parfois de façon très véhémente ;

– et enfin si vous-mêmes êtes prêts à proposer à votre enfant de retirer les couches au moment où cela est souhaitable pour lui, et non pour vous... Et ce n'est pas toujours facile. Accepter que le petit dernier grandisse (au lieu de continuer de le considérer comme un gros bébé douillettement maintenu dans des couches), avoir la patience de faire un peu plus de lavage de culottes au démarrage du pot, et endurer les commentaires de l'entourage sur l'enfant Untel qui a été propre, lui, bien plus tôt que le vôtre, et sans aucune difficulté, demande certes du courage...

Bref, il vaut mieux ne pas être trop pressé. Et avoir confiance ! Car dans la période de vie que couvre le stade anal et où s'acquiert en général la maîtrise sphinctérienne, les semaines comptent double ou triple. Ce qui a l'air de se mettre difficilement en place à tel moment s'installera peut-être plus harmonieusement un mois plus tard. Il faut expliquer à l'enfant que grandir demande du temps... et s'en convaincre soi-même. Nous avons tous été enfants : cette mémoire de la difficulté à grandir, nous en conservons tous le souvenir plus ou moins conscient. Servons-nous-en.

La propreté nocturne est-elle plus tardive ?

Bien que les textes officiels ne le stipulent pas expressément, la grande majorité des directeurs d'école exige des petits écoliers sans couches. Cela peut pousser certains parents à accélérer l'acquisition de la propreté chez leur enfant.

On est par ailleurs beaucoup moins exigeant sur la continence nocturne, peu visible, donc moins gênante en société. Il est même établi que celle-ci, classiquement, soit bien plus tardive que la propreté de jour : un enfant peut encore avoir besoin de couches la nuit à l'âge de 4 ans sans que, pour nombre de parents, cela paraisse un âge avancé.

Mais on ne peut pas généraliser. La propreté nocturne sera plus tardive essentiellement dans les cas où l'on a proposé le pot à l'enfant avant qu'il n'en émette le désir. En revanche, une propreté de jour acquise sans contrainte, au moment opportun, tant au plan physique que psychique, s'accompagne presque toujours en même temps de continence nocturne.

Quant à la question de l'énurésie – c'est-à-dire du pipi au lit, la nuit, chez des enfants qui ont acquis depuis longtemps la propreté de jour –, elle est délicate et peut se situer au carrefour de plusieurs spécialités médicales ou psychologiques.

Les avis sont nuancés pour ce qui concerne l'âge auquel il faut intervenir (certains spécialistes le situent au-delà de 6 ans), et surtout la manière de régler le problème. Parce que les causes sont multiples et étroitement liées à l'histoire de chaque enfant et de chaque famille. Par exemple, on ne peut pas envisager de la même manière une énurésie primaire (l'enfant qui n'a jamais acquis la continence nocturne) et une énurésie secondaire (qui se manifeste après une période de continence acquise et installée).

Il n'est pas de mon propos de traiter de l'énurésie dans ce livre. Ou de prétendre apporter des solutions applicables à tous. Tout ce que l'on peut avancer, c'est que, dans certains cas, l'énurésie est un moyen pour l'enfant de faire passer un message à ses parents. Lequel ? Pourquoi ? Comment lui répondre ? Autant de questions qui relèvent de la consultation chez un spécialiste. Le premier pas indispensable vers un mieux étant d'aborder le sujet, d'en parler.

Comment l'amener à utiliser le pot ?

Même si vous avez attendu que votre enfant réclame le pot pour le lui proposer, il n'est pas toujours évident de le conduire à l'utiliser régulièrement. Écoutons, par exemple, ce que raconte cette mère.

Mon fils de 20 mois adore jouer avec le pot, mais il ne va y faire que très occasionnellement. Parfois il part en courant et en riant lorsque je le lui propose. Comment orienter la situation vers un apprentissage ?

Il joue avec le pot ? Mais c'est un bon début ! Cet objet, souvent amusant, parfois exagérément séducteur (pot en forme de voiture, pot musical !), en tout cas nouveau, est pratiquement toujours attractif pour un jeune enfant.

Point positif, le fait que ce petit garçon en fasse un jouet indique qu'il n'a pas été contraint et forcé de faire ses besoins dedans et que ses parents le laissent aborder l'objet en toute liberté. Il ne l'utilise pas ? Eh bien, il n'est peut-être pas encore mûr pour la propreté. Peut-être ne contrôle-t-il pas bien ses sphincters. Ou peut-être serait-il souhaitable de lui redire l'usage que l'on peut faire de ce pot et de limiter en douceur l'usage du pot en tant que jouet, tant pour des raisons hygiéniques que pour éviter qu'il ne mélange tout.

Si ces paroles ne sont pas suivies d'effet, vous pouvez ranger le pot en attendant que l'enfant le réclame ultérieurement ou que vous le lui reproposiez quelques semaines plus tard.

Autre possibilité : la solution intermédiaire du pot ne lui convient pas. Ce petit garçon préférerait peut-être utiliser d'emblée les toilettes. Il existe des dispositifs adaptés aux enfants que l'on pose sur la lunette de la cuvette. Voyez un peu comment l'enfant tourne autour de ce lieu de propreté que tous les occupants de la maison utilisent, puis avisez...

Et, puisque nous parlons des toilettes, c'est l'occasion de signaler que ce lieu dit d'aisance est souvent d'une taille disproportionnée par rapport à celle de l'enfant et que, de plus, le bruit de la chasse d'eau l'effraie souvent. Il peut en avoir peur, parce que le bruit qu'elle fait est associée au moment où l'enfant est définitivement séparé de ce qui lui a appartenu : ses selles. Il avait quelque chose, en lui, puis dans le pot ou dans la cuvette, ensuite la chasse d'eau a tout emporté et il n'a plus rien. C'est comme si une part de lui-même lui avait été ôtée. Ça disparaît pour toujours. D'ailleurs, pour les mêmes raisons, dans l'imaginaire de l'enfant, la chasse d'eau devient à l'inverse une alliée : par exemple, quand il imagine qu'elle pourrait emporter le petit frère ou la petite sœur dont il est si jaloux !

Pour éviter la terreur de la chasse d'eau, quelques paroles explicatives sont les bienvenues : on dit « au revoir » aux excréments, on raconte quel trajet ils vont faire dans le tuyau, on peut aussi ajouter que, comme ceux des animaux à la campagne, les siens vont aller dans la terre.

Ainsi, vous le voyez, le seul bon moment pour aborder la propreté avec votre enfant est celui qui est bon pour lui. Décider à sa place du moment opportun risque au contraire de compliquer les choses et de provoquer un conflit entre lui et vous.

Propreté et autorité parentale

Marine est sur le pot depuis presque vingt minutes, et rien ne vient. Sa mère persiste, un peu inquiète, un peu agacée, sincèrement persuadée qu'elle « a besoin ». De bonne foi, elle demande : « Tu es sûre que tu ne veux pas faire pipi ? Ou caca ? Tu ne vas pas faire dans ta culotte, après, n'est-ce pas ? »

Marine ne répond pas. Au fait, a-t-elle envie de faire pipi ou caca... ? A-t-elle envie tout court ? Sa maman a l'air d'insister ; donc, comme sa maman sait, cela veut sans doute dire qu'il faut qu'elle fasse quelque chose dans le pot... Mais quoi ? Et elle, Marine, qu'est-ce qu'elle veut vraiment ?

Le corps de votre enfant lui appartient

On dit souvent que les excréments sont un « cadeau » que l'enfant fait à ses parents. Cette formulation, proposée par divers spécialistes de l'enfant, ne me convient pas vraiment et il n'est pas obligatoire de l'utiliser, bien sûr !

En effet, elle peut être gênante si elle exprime uniquement une victoire des parents sur l'enfant, parce qu'ils ont obtenu de lui qu'il « donne » ses selles. L'attente, l'approbation qui accompagnent cette attente, confèrent à un besoin la dimension d'un cadeau. En revanche, dans un tout autre état d'esprit, si vous l'utilisez pour faire comprendre à votre enfant que réussir sur le pot vous fait plaisir parce que c'est un succès pour lui, c'est différent. Vous lui manifestez ainsi votre joie de recevoir ce progrès vers l'autonomie. Dites-lui alors clairement que vous êtes contents pour lui parce qu'il a réussi. C'est son succès, et non le vôtre parce que vous auriez enfin obtenu gain de cause.

Pourquoi est-il important de ne pas forcer votre enfant ?

Dans le cas de la propreté, l'enfant se trouve facilement « coincé » par le désir de ses parents. Sous l'influence de différents facteurs environnementaux (entrée à l'école maternelle, par exemple) et à partir d'une expérience personnelle (l'observation affectueuse et attentive de la motricité de l'enfant), ce sont les parents qui décident du bon moment pour encourager l'enfant à démarrer la propreté sphinctérienne.

Cependant, il peut arriver que cette décision soit prise trop tôt ou de manière trop autoritaire. Et cela ne convient pas toujours à l'enfant qui, à ce moment de la vie, a souvent une très forte volonté de s'affirmer.

En effet, en même temps qu'il conquiert sa maîtrise sphinctérienne, l'enfant découvre la notion de propriété : ses selles sont sa propriété privée. Il s'aperçoit également qu'il a du pouvoir : pouvoir sur son transit (il peut se retenir), mais aussi pouvoir sur ses parents. Car il se rend bien compte que ce qu'il fait les intéresse (ou pas), les contente (ou pas). Tout cela est parfaitement naturel. C'est le signe d'une bonne évolution psychique.

Dans ce contexte, il est donc normal que l'enfant expérimente des jeux de pouvoir : c'est-à-dire de maîtrise (de soi, des objets)... et d'opposition (au désir et au pouvoir de ses parents) !

L'opposition peut par ailleurs être une manière de se faire comprendre. Par exemple, quand l'enfant trouve que la pression des parents est trop lourde (ce qui peut arriver même si les parents sont de très bonne foi), il n'a souvent d'autre choix pour se faire comprendre que de s'opposer, c'est-à-dire de se retenir de donner ses selles... ou bien de les expulser de manière décalée aux yeux des parents mais plus conforme à son rythme (par exemple, quand on vient juste de lui retirer le pot et de lui remettre une couche). Rappelons aussi que l'apprentissage de la propreté prend place pendant la période d'opposition du jeune enfant, ce qui va évidemment augmenter le rapport de forces. On voit alors s'affronter un parent qui cherche à tout prix à obtenir ce que l'enfant n'est pas forcément prêt à donner au départ, si bien qu'il va finir par carrément le refuser ensuite.

Bref, l'enfant en train d'apprendre à maîtriser son corps essaie d'évaluer sa marge d'autonomie. Il a besoin de sentir de votre part une certaine flexibilité dans l'apprentissage, et beaucoup de respect pour ce corps qu'il essaie de gérer tout seul.

Mais, si cette flexibilité lui est refusée, les choses peuvent se compliquer. Face à votre autorité, votre enfant risque de refuser le pot, en hurlant ou en indiquant par des besoins faits à contretemps son désaccord, son hostilité aux décisions que vous prenez concernant son propre corps.

Vous pensez peut-être que ce n'est pas toujours le cas : certains enfants semblent très bien s'accommoder de cette situation et répondent docilement au désir de leurs parents. C'est vrai. Mais ils n'ont plus alors la possibilité d'éprouver un désir personnel concernant leur corps.

Ils peuvent se désintéresser de ce qui se passe dans leur corps, mais aussi dans leur vie, tant ils sont habitués à ce qu'on décide pour eux, à ce qu'on désire à leur place. Comment pourraient-ils alors prendre leur place de sujet ! Par exemple, dans un groupe, l'enfant sera plutôt suiveur. La passivité, le faible sentiment de soi peuvent ainsi découler d'une éducation sphinctérienne très autoritaire où le désir d'autrui s'est substitué au désir de l'enfant.

Alors, quel que soit le caractère de votre enfant, afin que tout se déroule le plus naturellement pour lui, mieux vaut ne pas lui imposer votre autorité en matière de propreté.

Comment sortir d'une crise de pouvoir ?

Je garde un enfant de 20 mois, Joan, dont la maman veut absolument qu'il soit « propre ». Or, il est en pleine crise d'opposition et dit « non » à tout ce que l'on peut lui proposer, même à ce qu'il aime... Quand je lui demande d'aller sur le pot pour limiter les « accidents », qui sont fréquents, il part en hurlant de colère à l'autre bout de la maison ; je ne sais pas trop quoi faire...

Nous l'avons vu, certains enfants à qui les parents retirent les couches trop tôt les soumettent à leur propre désir, quitte à annihiler un partie de leur personnalité ; d'autres enfants réagissent d'une manière assez virulente... C'est le cas ici, et c'est plutôt une bonne chose. En effet, cet enfant indique clairement qu'il n'est pas question que l'on s'approprie son corps à lui, et il veut rester maître des décisions le concernant. Il est probable qu'il profite de l'énergie considérable que peut mobiliser la période d'opposition pour affirmer nettement son désaccord concernant la propreté.

Dans une telle situation de conflit, mieux vaudrait expliquer à l'enfant que l'on a peut-être effectivement commis une erreur d'appréciation et lui proposer de remettre cet apprentissage à plus tard. Tandis que persister dans un tel contexte de crise serait prendre le risque que l'attitude opposante de l'enfant se fixe et donne lieu ultérieurement à des problèmes d'agressivité mal gérée.

J'ai tenté de retirer les couches dans la journée à mon fils de 22 mois, mais il les réclame. De plus, il ne va que très difficilement sur le pot de lui-même. Quand je prends une décision, j'aime bien m'y tenir, et j'aurais l'impression de céder si je lui remettais des couches...

Il est tout à fait honorable de se tenir aux décisions que l'on prend, mais, en matière d'éducation enfantine, mieux vaut avoir une certaine flexibilité...

Par ailleurs, il s'agit là d'une décision qui touche directement un comportement du petit enfant, à qui on n'a pas vraiment demandé son avis. Peut-on revenir sur une décision concernant le comportement d'un autre ? Sans aucun doute !

Pour que cette mère puisse remettre en cause sa décision, il est essentiel qu'elle dise quelques mots de la situation à son fils : elle avait trouvé positif qu'il puisse se passer de couches, mais elle l'a peut-être vu comme plus grand qu'il n'est...

Dans ce cas, remettre la couche et différer avec sérénité, ce n'est pas céder. La méthode « essai-erreur » est un grand classique pour élever un enfant ; il est bien difficile de tomber toujours juste du premier coup....

J'ai commencé la propreté avec Coralie, ma fille de 2 ans, un peu sous l'influence de ma belle-mère qui considère qu'un enfant « doit » être propre à 20 mois maximum. Il est vrai qu'elle a élevé quatre enfants.. Coralie ne me paraît pas prête, elle fait assez souvent pipi dans sa culotte et semble malheureuse de cela. Je me sens mal à l'aise aussi. Comment faire ?

Comme bien souvent dans une famille, bien peu de décisions nous appartiennent, malgré les apparences. Nous subissons, parfois inconsciemment, parfois en toute connaissance de cause, les influences d'un entourage parental plus ou moins proche.

Sur une question aussi sensible que l'acquisition de la propreté d'un enfant, les désirs des uns et des autres s'entremêlent. C'est bien souvent le désir de l'enfant, pourtant intéressé au premier chef, qui passe en dernier...

Il est question ici d'avoir un enfant dans les normes pour être une mère conforme au désir d'une grand-mère !

La nécessité de rendre à Coralie sa capacité de décision concernant son corps se fera sans doute si cette maman reprend sa propre place de mère dans la famille, en mettant un peu à distance sa belle-mère, qui s'instaure là comme la seule référence maternelle valable.

Parler avec l'enfant pour éviter les complications...

Pour que le plaisir de « faire » et de gérer son corps se (re)mette en place calmement, il est important que vous laissiez une certaine marge de manœuvre à votre enfant.

Par exemple, il est tout à fait intéressant de discuter avec lui du moment opportun pour enlever ses couches. Cela suppose, bien sûr, que vous ne le proposiez pas trop tôt (ou que vous reveniez en arrière si cela semble apaisant pour votre enfant). Car rares sont les enfants de moins de 18 mois qui sont capables de s'exprimer à ce sujet, soit avec des mots, soit par la médiation de mimiques et de comportements.

Cependant, voici deux exemples démonstratifs et amusants.

Pierre, 22 mois, est devenu propre de jour comme de nuit en moins de quinze jours... Contents pour lui, mais étonnés et craignant que Pierre ne s'impose un régime trop lourd, ses parents ont proposé de lui mettre une couche la nuit seulement, au cas où... Pierre ne savait pas encore parler, alors pour exprimer son désaccord total, il a hurlé en voyant arriver la couche. Les parents n'ont pas insisté. Dans ces quinze jours d'apprentissage il y a eu deux « accidents » la nuit... puis plus rien. Pierre a maintenant 5 ans. Ses parents ont bien fait de l'écouter et de lui faire confiance.

Un soir, Jeanne, 30 mois, a dit à sa mère : « Tu sais, maman, tu peux m'enlever la couche pour la nuit, je ne ferai pas pipi dans mon pyjama. » Ça a marché. Sa mère était d'autant plus surprise que Jeanne tardait justement à être propre la nuit... En réfléchissant, elle s'est aperçue que cette nouvelle acquisition correspondait au moment où le petit frère de Jeanne venait d'apprendre à marcher. Ainsi, Jeanne a profité d'une avancée motrice de son petit frère pour, elle aussi, marquer une étape dans son développement.

On voit bien ici que les enfants ont, très jeunes, un « savoir » de leur propre corps qui leur permet de gérer au mieux les progrès possibles et dont il faut tenir compte avec respect.

Parlez avec votre enfant, donc, ou parlez-lui (même s'il n'a pas l'air de comprendre ou de répondre, croyez bien qu'il enregistre ces informations qui le concernent très intimement...).

Mais parlez sans exercer de pression : si vous insistez trop sur le fait que cela vous ferait plaisir que votre enfant devienne propre, il accédera à votre désir au lieu de laisser s'épanouir le sien.

Faites-lui plutôt valoir les avantages qu'il y a pour lui à abandonner les couches, à grandir. Ouvrez des perspectives sur ce proche avenir où il sera autonome, où il pourra se passer de son père et de sa mère pour s'occuper de son corps. D'autant qu'il y a des enfants qui n'aiment pas du tout le moment du change ! Ceux-là seront encore plus sensibles aux paroles leur expliquant qu'il y a un moyen très sûr de ne plus être changé... c'est de devenir propre tout seul !

S'il y a des « accidents »...

Comme pour tout apprentissage, il y a toujours des risques de régression. D'autant plus qu'un enfant très jeune, de moins de 2 ans, est particulièrement mouvant dans ses pensées : il peut paraître d'accord pour enlever sa couche un jour et ne plus s'en souvenir le lendemain. Vous avez donc à faire preuve de patience.

Montrez-vous compréhensif : un enfant est parfois extrêmement contrarié d'avoir raté ; il vit cela comme un échec. Pourquoi alors ajouter à sa déception en le grondant, ce qui ferait monter l'angoisse d'un éventuel autre ratage ? Rassurez-le plutôt sur les difficultés normales de tout apprentissage : « C'est comme ça, au début, on ne réussit pas à tous les coups. Moi aussi, quand j'étais petit(e), j'ai raté quelquefois. » Et faites-lui savoir que, naturellement, vous n'êtes ni fâchés ni moins fiers de lui.

Et si, par hasard, il devient évident qu'il serait judicieux de revenir aux couches, il faut faire preuve d'une certaine compassion pour l'enfant malheureux de cet échec. Et lui parler : Non, revenir en arrière ne sanctionne pas son incapacité d'évoluer convenablement. Non, il n'est pas en train de redevenir un bébé. Il a juste besoin d'un peu plus de temps, et vous ne l'aimerez pas moins pour autant.

Toutefois, afin d'éviter que les « accidents » soient trop fréquents, essayez des solutions... Retirer la couche, surtout la nuit, n'est pas forcément le préalable nécessaire à l'acquisition de la propreté. Tant qu'ils ne se sentent pas tout à fait prêts, certains enfants sont rassurés par leur couche (qu'ils ne souillent pourtant pas). Autant la leur laisser jusqu'à ce qu'ils soient d'accord pour l'enlever.

De même, évitez certaines périodes... Toute perturbation des habitudes, de l'univers familier de l'enfant, peut entraîner soit un refus de l'apprentissage si celui-ci n'est pas engagé, soit un retour en arrière. Notamment, l'arrivée d'un bébé dans la famille peut donner l'envie à l'aîné de retourner au stade du nourrisson. Là encore, patience, compréhension pour les difficultés rencontrées à être « grand », paroles explicatives sur les bénéfices de la propreté donnent des résultats. Repousser l'apprentissage à un moment plus favorable, aussi...

Des perturbations bien naturelles

L'acquisition de la propreté est donc pour l'enfant une conquête qui ne va pas sans heurts ni sans difficultés. Aussi, il est naturel qu'il en soit quelque peu perturbé. Et vous observerez peut-être des changements dans le comportement général de votre enfant, en ce moment délicat de son développement. Voici, par exemple, ce qui risque de se passer.

Il me semble avoir remarqué que, depuis que mes jumeaux de 2 ans commencent à se passer de couches, ils sont aussi de plus en plus « sales » ! Ils en mettent partout quand ils mangent, quand ils jouent... Par exemple, ils sont tentés de prendre à pleines mains la nourriture, de patauger dans la gadoue, de faire la patouille dans le bac à sable du jardin, etc.

Un enfant qui accède à la propreté accède à tout un ensemble de règles vis-à-vis desquelles une partie de lui-même proteste intérieurement. Renoncer à retenir ou expulser ses selles selon son bon plaisir, renoncer aussi au plaisir de jouer avec les excréments parce que les parents l'interdisent (même si c'est pour la bonne cause de l'hygiène) ne va pas tout seul... Car il s'agit bien de renoncer à du plaisir (et pas seulement de discipliner un besoin).

Or, l'enfant ne renonce pas sans compensation... Il échange un plaisir contre un autre : en l'occurrence, en devenant continent, il accède au plaisir de s'identifier aux grands, et notamment aux grands qu'il aime. De plus, il déplace son plaisir d'une matière corporelle vers d'autres matières. Le sable, la boue, la terre, les matières molles (pâtes à modeler...) sont autant de substituts aux matières fécales. Les patouiller sert tout à la fois à satisfaire le besoin de manipulation qui se manifeste au stade anal, et à diriger une activité ludique que l'enfant sait ne pas pouvoir exercer sur ses excréments.

Mon fils de 3 ans et demi, Samuel, adore se promener dans la campagne, mais je trouve que depuis quelque temps il est exagérément précautionneux. On dirait qu'il essaie à tout prix de ne pas se salir. Il est devenu propre sans que nous insistions, il y a huit mois, et depuis, il nous casse les pieds avec ses manies !

Pour ce petit garçon qui a accepté d'être propre sans trop de difficultés, c'est justement le déplacement qui pose problème. Il est probable que, pour l'instant, la terre et la boue, associées dans son esprit aux matières fécales, sont à éliminer de sa vue pour que ce qui se passe au-dedans de lui (la maîtrise sphinctérienne) soit en accord avec ce qui se passe au-dehors...

Ce type de transition peut se produire chez un enfant qui en fait un peu trop, et qui règle à l'extérieur ce qui n'a peut-être pas été si simple à régler dans sa tête et dans son corps. Éviter de se salir, et y parvenir, lui permet sans doute de se rassurer et de se détendre pour tout ce qui concerne le contrôle.

Il convient de respecter ses craintes et ses dégoûts, tout en lui expliquant que, tout de même, cela complique la vie : la sienne et celle de son entourage. Et puis, il est bon aussi d'éviter les amalgames de langage, comme : c'est marron et gras, donc c'est sale. Nous reviendrons sur cette question au chapitre suivant.

Depuis quelque temps, ma fille âgée de 18 mois se met à hurler dès qu'on lui emprunte un jouet, cela fait des drames si elle perd quelque chose qu'elle a ramassé en promenade. On m'a suggéré que cela allait s'atténuer avec la venue de la propreté, car elle est en train d'abandonner les couches... Y a-t-il en effet une relation ?

En effet, cette petite fille vit un moment de crise.

Elle est peut-être particulièrement sensible à la dépossession (d'un objet), parce qu'elle s'imagine qu'on veut la déposséder d'elle-même. Par exemple, qu'on attend d'elle qu'elle aille sur le pot alors qu'elle-même ne se sent pas prête. Tout se passe comme si on lui prenait son désir, sa volonté d'être propre... et, par extension, son corps. Par angoisse, elle ne veut pas renoncer. Pas « lâcher ».

Il est certainement très important de la rassurer sur ce qui lui appartient absolument : son corps, justement. Et dites-lui bien qu'il n'est pas question de donner quelque chose d'elle si elle n'est pas d'accord.

Dans ce contexte de respect et de confiance, l'acquisition de la propreté lui permettra sans doute d'être moins sensible à la perte et à la séparation d'avec les objets.

Pour en finir avec l'autorité, j'aimerais vous rapporter une petite anecdote.

J'ai consulté un pédopsychiatre avec ma fille, Cynthia, qui n'était toujours pas propre à 2 ans et demi, ce qui est très tard selon moi. Ce monsieur m'a beaucoup choquée, s'étonnant de mon acharnement à ce que ma fille soit « propre » et me disant : « Mais, madame, il ne s'agit pas de vos fesses ! »

Ce qui a été dit de manière plutôt directe à cette mère n'est pas faux. Nous, parents, devons garder à l'esprit que certaines choses de notre enfant nous échappent et que c'est tant mieux !

Maîtriser entièrement un enfant lui retirerait sa possibilité d'être un sujet pensant et agissant de manière autonome...

En matière de propreté, ce médecin a rappelé à cette maman que la maîtrise sphinctérienne est une affaire intime... qui regarde avant tout son propriétaire. Peut-on imaginer de demander à un adulte d'aller aux WC sur commande et de rester de bonne humeur ?

Cependant, vous devez être aux côtés de votre enfant pour le soutenir, l'encourager et lui faciliter les choses autant que possible. En utilisant avec lui les mots justes, par exemple...

4

Sale ou pas sale ? Prendre des précautions avec les mots

« Tes mains sont sales. Elles sont pleines de chocolat. Va les laver... »

Paroles banales, courantes, dont nous usons fréquemment pour le bien de notre enfant et généralement sans nous fâcher. Il y est sensible, comme à toutes nos paroles, parce qu'il nous fait confiance. Mais il n'est pas sûr qu'il comprenne bien ce que nous cherchons ainsi à lui dire.

Par exemple, il y a quelques instants, Mathieu était encouragé par sa mère à manger « le bon chocolat », tout en faisant un câlin. Maintenant, à cause du même chocolat, il entend que ses mains sont « sales ». Que risque-t-il de penser ? Qu'on lui a fait manger quelque chose de sale mais de rudement bon... Que le chocolat est bon, mais que, lui, il est sale...

Bref, il est possible que le message somme toute très simple dans notre esprit soit quelque peu brouillé pour notre enfant. C'est qu'il est important de réfléchir à ce que nous mettons sous les mots pour que l'indispensable éducation à l'hygiène ne soit pas source de confusion pour notre enfant.

S'entendre sur les mots

Les enfants entendent souvent l'adjectif « sale » (sûrement plus souvent qu'on ne le souhaiterait !) et surtout dans des contextes très différents. Il peut en résulter des malentendus, inconfortables pour eux comme pour nous, sur ce qui est propre ou sale.

Que disons-nous, quand nous disons « C'est sale » ?

Quand nous disons « c'est sale », désignons-nous un objet ou un comportement menaçant pour la santé, c'est-à-dire cette saleté invisible mais bien réelle face à laquelle il faut évidemment prendre des précautions ? Ou bien faisons-nous allusion à ce qui risque de tacher, c'est-à-dire à tout ce qui peut laisser des traces, être salissant, quand l'enfant mange, ou manipule en jouant ? Par exemple, la peinture, la colle, la confiture, la sauce, le chocolat...

Dans ce cas, essayons de nous mettre à la place de l'enfant – ce qui n'est pas toujours facile –, et nous nous rendrons compte que, pour lui, tout se passe comme si un changement bizarre faisait devenir sale ce qui était bon, beau ou amusant pour lui dans d'autres circonstances. Comme si manger, jouer, pouvait devenir tour à tour (voire à la fois) bon et mauvais...

Parler vrai

Je suis très étonnée, explique une mère, d'entendre mon fils de 3 ans dire que le caca c'est sale, lorsqu'il a fini de faire dans le pot. En effet, j'ai eu à cœur de ne pas utiliser ce genre de qualificatif concernant les excréments, ayant lu que cela pouvait bloquer les enfants ; je lui ai dit plutôt que son caca était un beau cadeau.

Je ne pense pas qu'il l'ait entendu dire chez sa nourrice non plus (je l'avais prévenue de ne pas être négative concernant le pot).

Et pourtant il insiste : « C'est sale, maman. » Je ne sais plus quoi répondre.

Faut-il répondre ?

Dans ce cas, ce genre de phrase est plus une exclamation, une remarque personnelle qu'une demande adressée à la mère. Celle-ci a, semble-t-il, par ailleurs donné de nombreuses explications nuancées et psychologiques autour de la question de ce qui vient dans le pot... Mais la communication verbale n'a apparemment pas suffi.

On peut penser que la remarque d'un petit enfant de 3 ans s'appuie ici essentiellement sur l'observation des attitudes autour du pot : « Pourquoi maman nettoie-t-elle avec tant de soins et de produit le pot quand il y a un caca dedans, et pourquoi ne fait-elle que l'essuyer ou le rincer rapidement si j'y fais pipi ? »

L'enfant de 3 ans est très intéressé par ce qui se joue autour de ses selles et va donc être particulièrement attentif à ce que vous faites, et pas seulement à ce vous dites. Il observe les gestes et les mimiques de dégoût, mêmes discrètes, lorsque sa mère nettoie le pot.

Le « c'est sale, maman » de ce petit garçon correspond sans doute à une traduction dans son propre langage des comportements qu'il observe autour de ses déjections. Or ces comportements ne correspondent pas forcément aux mots qui sont proposés, dans un souci peut-être excessif de valoriser les excréments.

Il peut être alors utile de modifier les propos tenus en précisant à l'enfant que ses selles sont des déchets que le corps rejette et qui ne servent plus à rien. Comme en plus, ça ne sent pas très bon et que l'aspect n'est pas très agréable, on s'en débarrasse bien vite. C'est l'occasion de lui redire que nettoyer fait partie des nécessités de l'hygiène, comme se laver les mains avant de passer à table.

« Tu es sale »

Voici un exemple de difficulté à laquelle vous pouvez vous trouver confrontés :

Ma fille refuse de se laver seule, même « en gros », en me disant que « c'est sale » et en me tendant le gant de toilette pour que je la nettoie dans son bain. Que faire et qu'en penser ?

Cette petite fille fait probablement un amalgame entre ce qui est considéré comme sale et que l'on n'a pas le droit de toucher (papiers sales, poubelles, etc.) et son propre corps. Il est possible qu'elle ait souvent entendu sa maman lui dire : « Tu es sale, viens te laver », et elle en a déduit que tout est sale de la même manière.

Il est tout à fait important de faire avec elle la différence entre son corps – qui a besoin d'être nettoyé en fin de journée parce qu'elle a transpiré ou parce qu'elle s'est traînée à genoux dans la poussière – et une poubelle qui peut contenir des germes menaçants pour sa santé.

Si des attitudes de rejet persistent une fois ces éclaircissements apportés, il s'agit sans doute plutôt de manifestations d'opposition passive, de refus à tonalité régressive. Mieux vaut alors éviter l'affrontement direct ! Par exemple, pourquoi ne pas mettre un peu plus de produit lavant dans le bain et dire à la petite fille que ni elle ni sa maman ne la lave et que le bain fait tout seul le nettoyage ? L'apprentissage de l'entretien corporel en sera certes différé de quelques semaines, mais on y gagnera en détente, côté enfant et côté parent.

En revanche, au cas où, malgré le temps, des manifestations de répulsion réelles et inquiétantes apparaissent, il sera sans doute nécessaire d'examiner la situation avec un spécialiste.

Vous laissez peut-être aussi échapper un « tu es sale » de temps en temps : « tu es sale » quand tu fais ceci ou cela, ou parce que tu conserves la trace de tes activités ludiques ou alimentaires... En le disant, vous ne cherchez évidemment pas à blesser sciemment votre enfant. Mais ce dernier n'a pas encore de distance par rapport au langage, et il peut s'imaginer que c'est bien lui, en tant que personne, qui est sale, et non l'objet qu'il touche ou le comportement discutable qu'il adopte. « Tu es sale » peut vouloir dire pour lui : « Je suis sale, tout le temps, par nature. » Du coup, par malentendu, il risque de se comporter salement pour de bon, pour se conformer au savoir que vous avez sur lui.

Nous avons donc tout intérêt à respecter autant en paroles que nous le faisons en gestes le corps de l'enfant, de façon que notre pensée de parents ne soit pas traduite de travers. Si l'enfant entend dans nos paroles le respect que nous avons pour lui – et c'est ce que nous cherchons de bonne foi à lui transmettre lorsque nous l'éduquons à l'hygiène, à la propreté et au soin –, il aura à son tour envie de se respecter, de respecter les autres, respecter son environnement, et la vie de tous sera simplifiée.

« C'est caca » : une habitude de langage à oublier

Parmi les paroles automatiques qui nous échappent, il en est une diablement tenace à laquelle nous avons tout intérêt à réfléchir.

À l'enfant qui fait ou touche quelque chose de réellement sale (menaçant pour la santé) ou salissant (qui souille le corps, les vêtements...), dire « c'est caca », c'est en effet aller bien au-delà de notre pensée.

Car à notre insu, nous ne nous contentons pas de faire de la prévention : nous associons ses selles à un comportement réprouvé, alors que dans d'autres circonstances nous les approuvons ! Ainsi, lorsque l'enfant qui commence à aller sur le pot y laisse une selle, nous disons : « Bravo, quel beau caca ! »

Et cela peut devenir plus compliqué encore si vous dites « c'est caca » pour signifier aussi : que c'est mal.

Alors mieux vaut oublier cette expression et dire clairement à votre enfant que quelque chose est sale, mauvais ou dangereux, en lui expliquant pourquoi.

Comprendre d'où nous viennent ces réflexes verbaux...

Ces paroles sont bien souvent des reliquats de ce que nous avons nous-mêmes entendu quand nous étions enfants. Nous en avons conservé la résonance inconsciente, et nous les répétons un peu mécaniquement à nos propres enfants avec les meilleures intentions du monde.

Ainsi, dire qu'une traînée de sauce est sale renvoie peut-être à la conception qu'on nous a transmise, au moment de l'apprentissage du pot, que tout ce qui n'est pas dans le pot, c'est-à-dire à la fois à sa place (et pas dans la culotte) et net (qui ne laisse pas de trace visible ailleurs), est sale.

Toute marque sur un vêtement est alors un peu comme une faute signée... Surtout si nos propres parents nous ont grondés, voire punis, quand nous-mêmes étions victimes de ce qu'on appelle aujourd'hui un « accident » (faire dans la culotte).

Cela dit, restons prudents et veillons à ne pas tomber dans le cas extrême des parents qui, attentifs par ailleurs à la santé de l'enfant, sont en réaction à une éducation « musclée », et qui vont alors être tentés de permettre à leur enfant tous les débordements. De « tout est sale », on passe à « rien n'est sale »... ni même salissant.

Peut-être pensent-ils qu'un enfant grandit mieux à l'abri de toute contrainte arbitraire et que seule la question de ce qu'il a envie ou pas de supporter doit être posée ?

Or, dans ce cas, la question de l'adaptation sociale pose très vite un problème... L'enfant sans limites vivrait peut-être tranquille seul en famille. Mais le regard et les exigences des autres (à la crèche, à l'école, chez les copains, au jardin public...) vont vite le désigner comme insuffisamment adapté à ce qu'un environnement social attend de lui.

L'enfant a donc besoin de repères sociaux de base, comme la tenue physique, le soin et la propreté de sa présentation. Le laisser agir complètement à sa guise en ces domaines serait lui faire courir le risque de passer aux yeux des autres pour un petit animal à l'allure pas très engageante... Autant lui épargner cela.

Dans le même ordre d'idées, vos enfants ont peut-être des camarades dont l'aspect extérieur, les façons, vous interrogent. Voici ce qu'une mère me racontait :

Ma fille a une petite amie de 4 ans très mal soignée, elle est souvent sale, ses mains et son visage ne sont pas débarbouillés après les repas, elle joue dans la boue du jardin quand il a plu... Ses parents n'ont pas l'air de réagir. J'ai vraiment l'impression que la maman, en particulier, s'en fiche. Elle n'est pas

« libérale », comme on dit, elle paraît plutôt « absente », comme si l'apparence de son enfant ne la concernait pas... Je ne sais que dire ni que faire quand cette petite fille vient chez nous.

Pour certains parents, éduquer suppose un investissement affectif trop lourd, un effort qui les dépasse. Il y a de fortes chances pour que ces adultes-là aient été eux-mêmes peu éduqués : à savoir que leurs propres parents les ont mal acceptés, ou bien ont eu de la peine à établir des règles... Si bien que, à leur tour, ils ne voient pas la nécessité de dépenser de l'énergie pour obtenir de leur enfant ce que l'on n'a pas réclamé d'eux autrefois. Bref, ils laissent tomber...

Que faire, que dire ?

D'abord ne pas les juger – surtout devant leurs enfants et les vôtres –, ne pas les mettre en cause (« Vraiment, cette petite est dans un état... C'est à croire que ses parents ne s'occupent pas d'elle »). Ne pas non plus bousculer l'enfant (« Comment ! Tes parents te laissent faire ça ? Mais c'est dégoûtant ! » Ou bien : « Mais enfin, tu es sale ! Fais ça chez toi si tu veux, mais pas ici »). Tout cela entraînerait de la souffrance chez l'enfant.

En revanche, vous pouvez lui expliquer, calmement, qu'il y a un certain nombre de règles dans votre maison et que, quand il y est, il doit les respecter comme tous les autres occupants. Ainsi, sans le déprécier ni déprécier ses parents, vous lui apprenez un comportement différent, par la parole et par l'exemple.

À l'extérieur, la crèche, l'école prendront le relais et joueront leur rôle de repère social.

Trouver les mots justes

Il est important, selon la situation et le message que nous voulons réellement faire passer à l'enfant, d'essayer de choisir des mots justes.

Avant de dire « c'est sale » ou « tu es sale », si nous prenions le temps de comprendre ce qui nous gêne, de trouver la parole qui exprime bien notre pensée ? « Attention, tu risques de faire une tache, je devrai alors la nettoyer et ce sera du travail pour moi... » Ou bien : « Si tu as envie de sauter dans les flaques, attends la prochaine sortie, nous penserons à te mettre tes bottes. » Ou encore : « Va laver tes mains : tu as touché à toutes sortes de choses dans la rue, tes doigts transportent des petits microbes qu'on ne voit pas. Si tu mets les mains à la bouche, ça risque de te donner des petites maladies... »

Quant aux excréments, le plus simple est sans doute de leur laisser la place qui leur revient : celle d'une production naturelle, d'un déchet, ni beau ni laid (il n'a aucune valeur esthétique), ni bien ni mal (il ne nuit à personne), et qui n'est sale que si l'on en fait un usage menaçant pour la santé.

Et ne vous tracassez pas : justement parce qu'ils sont sensibles à ce que vous dites, vous, l'adulte de référence qu'ils aiment et admirent, vos enfants comprendront très bien que vous changiez de vocabulaire ou de langage. Donc, si pendant un certain temps, ou même quelques années, vous avez dit comme la plupart des parents « c'est sale » même quand ça ne l'est pas au sens strict, « tu es sale », ou « c'est caca », rien n'est joué. Le malentendu se dissipera au fur et à mesure que s'installera une nouvelle communication.

Les gros mots : un langage sale ?

C'est vers l'âge de trois ans que les enfants découvrent les « gros mots ». Très vite, ils en repèrent l'aspect interdit et réprimé par les parents et autres adultes éducateurs et se délectent d'un contenu dont ils ne perçoivent pas toujours le sens, mais qui leur paraît très percutant...

Ce type de langage leur plaît particulièrement quand ils traversent la période d'opposition et de fixation à l'analité. Le contenu des mots, en effet, réfère parfois très directement aux fixations en question et leur offre le plaisir de la transgression. Les gros mots sont un déplacement des pulsions anales : des sortes de « cacas organisés » comportant un aspect symbolique par le canal du langage. On peut donc considérer qu'ils correspondent à une certaine tentative d'élaboration de l'agressivité.

Comme dans toute tentative transgressive de l'enfant, il convient de poser des repères sur ce qui se dit ou pas. Cependant, mieux vaut éviter les attitudes trop réactives de dégoût : votre enfant risque de continuer à dire des grossièretés, puisque cela marche ! Neutralité mais fermeté sur les limites sont les deux alliés les plus sûrs face à votre petit dévergondé !

5

Jouer, se salir

Antoine, 4 ans, est en train de jouer au jardin. Il a l'air très occupé à creuser dans un trou, à plat ventre par terre. Sa maman, un peu tendue, surveille l'étendue des travaux et mesure le degré d'embourbement de l'enfant ! « C'est curieux comme il paraît incapable de s'amuser vraiment s'il ne peut pas se vautrer par terre, se dit-elle. On dirait que plus c'est sale, mieux c'est ! »

Quand un petit enfant joue, il se salit forcément. Le corps, les vêtements. Un peu, beaucoup... Vraiment beaucoup ? Pour pouvoir réagir et comprendre, la question est justement de savoir quelle est sa position à lui par rapport à la saleté.

Il se salit parce qu'il bouge

Nous avons vu au début de cet ouvrage que l'enfant passe par divers stades au cours de son développement. À chacun correspond un rapport spécifique au corps, donc à la motricité et, par conséquent, à la propreté. Et vous-mêmes avez certainement remarqué que votre enfant se salit particulièrement quand il commence à beaucoup jouer.

Le petit enfant se salit à tous les âges

Au tout début de sa vie, l'enfant fait connaissance avec le monde par la bouche. F. Dolto disait que l'enfant se sert alors de sa bouche comme d'une « troisième main ». Pour les parents, le risque de ce « tout à la bouche » est moins la salissure que le danger pour la santé (microbes), et la sécurité (risque d'asphyxie, d'intoxication, de blessure...).

Pourtant, certains parents considèrent que porter les objets à la bouche n'est pas hygiénique.

Je garde un bébé dont les parents sont très maniaques pour tout ce qui relève de la propreté. Ils ne supportent pas que les vêtements de leur enfant soient salis et que celui-ci porte des objets à sa bouche. Je ne peux tout de même pas l'empêcher de jouer !

Pour ce qui concerne l'éveil d'un jeune enfant, il doit être rappelé aux parents que porter à la bouche signifie explorer et donc développer son intelligence. La quantité de microbes ingérée est minime, alors que la privation que représente le fait d'empêcher un bébé de porter à la bouche est immense. Il est sans doute possible de laisser ce bébé sucer ses jouets quand ses parents ne sont pas là !

Entre 14 et 18 mois, arrive la période du « touche-à-tout ». C'est une période fatigante pour les parents, parce qu'elle exige de vous une vigilance et surtout une assistance constantes. Il faut tout à la fois veiller à ce que votre enfant ne se mette pas en danger (dangers domestiques de brûlure, d'électrocution, par exemple...) et mobiliser beaucoup de patience et d'énergie pour l'accompagner dans son exploration de l'espace et des objets.

Pendant cette période, il vaut mieux considérer comme secondaire que votre enfant se salisse, c'est-à-dire qu'il souille son corps ou ses vêtements parce qu'il se traîne beaucoup, ou qu'il se montre malhabile – en renversant ou en cassant, par exemple.

Ce qui est important – si vous voulez que cette période se traverse harmonieusement et qu'elle ne s'éternise pas –, c'est d'accompagner votre enfant, en le guidant du geste, et en lui parlant. Vous devez défendre ce qui est réellement dangereux, mais en justifiant l'interdiction : « Tu risques de te brûler si tu touches à ce robinet, tu auras peut-être très mal et il faudra peut-être t'amener à l'hôpital pour te soigner. » De même, montrez-lui comment manipuler les objets tout en l'incitant à la prudence et à la patience : « Voilà comment il faut prendre cet objet (ciseaux, couteaux...) pour ne pas se faire mal. Pour l'instant, tu es encore petit, c'est difficile, mais tu vas grandir, devenir plus capable, et tu pourras t'en servir seul. »

Plus l'enfant se sentira soutenu dans son effort pour découvrir et grandir, moins il sera amené à désobéir (c'est-à-dire à expérimenter à votre insu), et moins il sera angoissé à l'idée de toucher. Il y gagnera en habileté et donc, aussi, en soin !

La période acrobatique coïncide souvent, quant à elle, avec le temps de la maîtrise sphinctérienne. L'enfant prend progressivement possession de son corps, et l'exerce. Il s'agit tout à la fois de maîtriser les sphincters et la motricité

– et de savourer la jubilation qu'il y a à conquérir l'espace par ses propres moyens !

L'enfant est heureux de se servir de son corps : marcher, courir, rouler, ramper, tomber et se redresser, prendre, lancer et ramasser... et rien de cela ne va sans salissures – surtout si l'exercice se déroule en extérieur. D'autant que toute cette gymnastique est couronnée de réussites, bien sûr, mais aussi sanctionnée de quelques échecs. Vivre, c'est prendre quelques risques, et risquer, c'est apprendre à trouver la conduite adaptée dans une succession d'essais/erreurs/reprises.

Donc, l'enfant tente, chute, se tache... Si vous le blâmez de s'être sali, il risque d'associer ce blâme au fait qu'il a raté un mouvement (et pas forcément au fait qu'il a souillé un vêtement). Ce qu'il retiendra, c'est qu'il est grondé pour cause de mauvaise exécution. Surtout si vous commentez l'échec d'un : « Tu vois ! Je t'avais pourtant prévenu (que tu n'y arriverais pas, que tu allais tomber...). » Or, reconnaissons qu'il serait tout de même dommage de freiner le dynamisme d'un enfant plein de vie, sous prétexte qu'il va falloir le débarbouiller ou laver un pantalon !

Impossible de jouer sans se salir

Qui dit jeu, dit liberté d'un corps en mouvement. Toute activité ludique nécessite une certaine marge de manœuvre pour s'exercer.

L'enfant n'a pas d'emblée la notion de l'inconvénient que peuvent représenter des salissures : l'essentiel pour lui est de laisser libre cours à son envie et d'adapter les circonstances à son activité de jeu.

Toute restriction (« Tu peux jouer à condition de rester propre ») lui apparaît comme une entrave au mouvement, moteur du jeu. Du coup, les attitudes d'exploration et la motricité peuvent s'inhiber, et freiner du même coup l'activité imaginaire.

De plus, jouer sans se salir, c'est aussi faire attention, et donc être capable de s'extraire du jeu, de prendre du recul par rapport à la situation pour en éviter les conséquences salissantes. Or, jusqu'à 3 ans et demi, 4 ans, un enfant est pratiquement incapable de faire preuve de distance dans le jeu. En effet, l'enfant ne peut pas à la fois jouer et se sortir du jeu dans lequel il est tout entier absorbé. D'autant que – et vous êtes maintenant mieux éclairés sur ce point – il y a des périodes critiques où ce genre d'effort est inenvisageable.

Le moment d'apprentissage de la propreté sphinctérienne (qui coïncide avec le stade anal et ses aspects manipulation/déambulation) n'est pas un moment où l'on peut espérer rentrer du jardin avec un enfant « propre sur lui ». L'envie pulsionnelle de se salir est quasi physiologique à cette période (qui peut se prolonger jusque vers 4 ans). Je le répète, se salir en jouant constitue un déplacement qui soulage les tensions par rapport à l'interdiction de déféquer ailleurs que dans le pot et de jouer avec les excréments. C'est vrai notamment pour tous les jeux qui consistent à pétrir, malaxer les matières molles (sable, terre, boue, etc.) et à faire la « bouillasse » ou la « patouille ». Le jeu avec l'eau (ah ! cette eau qui trempe les vêtements et les chaussures !) tient aussi un rôle important, parce qu'il affine la maîtrise (remplir/vider), enseigne la canalisation (l'eau est fluide, elle échappe, il faut trouver des « trucs » pour la retenir). Canalisation de l'énergie, aussi, car jouer avec l'eau calme miraculeusement l'agressivité particulière à ces âges.

Patience, donc... Peu à peu votre enfant apprendra le désagrément, pour lui comme pour les autres, qu'il y a à se salir, et il aménagera de lui-même ses jeux. Un trop grand conditionnement à la propreté, en revanche, risque de le limiter dans son dynamisme et de ralentir son autonomie.

Les questions que vous vous posez

Se salir est donc tout à fait naturel pour un enfant. Néanmoins, vous êtes peut-être confrontés à certaines situations qui ne vous semblent pas tout à fait normales. Sans répondre ici à toutes les questions, je souhaiterais vous parler des problèmes les plus courants.

Votre enfant est maladroit

Votre enfant, sans le faire exprès, tombe souvent, renverse fréquemment. Et fatigués ou exaspérés, vous êtes peut-être tentés de lui dire : « Mais qu'est-ce que tu as dans les mains ? », « Tu n'es bon à rien ! », « Quel cochon ! » Pour avoir entendu ces phrases radicales quand ils étaient eux-mêmes enfants, certains adultes se souviennent combien elles sont blessantes. Et, même si votre intention n'est pas de déprécier votre enfant, il faut évidemment lui éviter de tels mots. D'autant plus qu'ils risquent de le figer dans une catégorie, comme si elle était indépassable ou hautement répréhensible (« le maladroit », « le goret »), et d'entamer son estime de lui-même.

Alors comment s'y prendre ?

Si ces maladresses se produisent tout spécialement dans des situations d'émotion forte (goûter d'anniversaire avec les copains, sortie/repas dominical en famille, événements particuliers comme la rentrée des classes...), elles sont probablement à mettre au compte du stress. L'inconscient de l'enfant parle pour lui et témoigne ainsi d'une excitation, d'une gêne, voire d'une angoisse ou d'une hostilité par rapport à la situation donnée. Dans ce cas, essayez plutôt de rassurer votre enfant et de le mettre à l'aise.

Si vous trouvez que les maladresses se produisent vraiment souvent, il est possible qu'une vraie difficulté (et non plus seulement une difficulté conjoncturelle) s'exprime, c'est-à-dire une difficulté dont l'enfant ne peut pas parler et que son corps maladroit traduit pour lui. Laquelle ? Impossible de s'en tenir à des généralités, bien sûr. Il faut essayer de discuter avec l'enfant de ce qui se passe quand ses mains lâchent quelque chose, ou quand le bol de chocolat se renverse si souvent, etc., et, éventuellement, consulter, pour remonter l'histoire de cette maladresse installée.

Certains ratés peuvent venir de ce que l'enfant met la barre trop haut par rapport à ses capacités du moment. Par exemple, il veut aider à débarrasser la table et porter trop d'assiettes à la fois ; ou bien, il veut sauter quatre marches d'un coup ! Plutôt que d'annoncer un échec prévisible (« Tu vas tout casser », « Tu vas tomber »), expliquez-lui les risques qu'il prend, en le rassurant sur le fait que, d'ici à quelque temps, il sera plus grand, plus capable et donc plus apte à augmenter la difficulté (« Bien sûr, tu peux essayer, c'est bien d'essayer, mais je crois que c'est risqué... Peut-être qu'il vaut mieux commencer par une pile de trois assiettes seulement ? Si tu réussis, on ajoutera une assiette de plus la prochaine fois »).

Cependant, malgré toute votre bonne volonté, vous êtes peut-être très énervés par les maladresses de votre enfant. C'est plus fort que vous et vous avez du mal à garder votre calme.

Dans ce cas, interrogez-vous Qui sait, peut-être votre enfant vous renvoie-t-il l'image de l'enfant maladroit, malpropre, que vous avez été vous-même et qu'on a beaucoup blâmé pour ça ? Pour vous, c'est comme un insupportable retour en arrière à cette part de vous détestée... Peut-être cela mérite-t-il que vous en touchiez deux mots à votre enfant : « J'ai l'impression que tu n'es pas très habile, ce n'est ni bien ni mal, c'est comme ça, mais moi, ça m'agace parce que j'ai été comme toi et qu'on m'a grondé(e). Alors quand je m'énerve contre toi, ne fais pas trop attention, je suis un peu bête, dans ces moments-là, mais ça n'enlève rien au fait que je t'aime. » Après tout, être une éducatrice/un éducateur parfait(e) en toute circonstance est impossible. En revanche, éviter à un enfant de perdre l'estime de lui-même est un objectif réalisable si on fait preuve d'honnêteté et de respect.

« Il est attiré par ce qui est sale... »

Dès son arrivée quelque part, votre enfant cherche le moyen de se salir. Le jeu n'est plus son activité essentielle, et les salissures des effets ou accidents parallèles : se salir devient pour lui le but du jeu, son objectif. Et il semble mobiliser toute son énergie sur la saleté au détriment de l'activité ludique.

Dans le langage de la psychanalyse, on peut définir cela comme une attitude régressive, où satisfaire une pulsion (se salir) prédomine sur l'élaboration imaginative et créative (inventer un jeu, s'amuser).

Mais pourquoi l'enfant se comporte-t-il ainsi ?

Il n'y a pas de réponse ou d'explication applicable à tous. Voyez, par exemple, le cas suivant :

Depuis un an, ma fille de 4 ans adore jouer à « faire de la bouillasse », elle mélange de la terre et de l'eau et se tartine les mains et bien souvent le visage. Devant les mines dégoûtées de ses camarades, elle annonce que c'est du caca. Dois-je lui faire cesser ce jeu ?

Il est important de réfléchir à ce qui a peut-être été un peu hâtivement réalisé dans les apprentissages de la propreté sphinctérienne ou la manière de manger. Cette petite fille semble en effet avoir besoin de transposer des pulsions non résolues dans un jeu répété, et particulièrement symbolique, dont la signification est même directement énoncée (« c'est du caca »). Il est sans doute possible d'en parler avec elle pour mieux savoir ce qu'elle recherche en jouant ainsi. Sans faire cesser ce jeu, qui a bien évidemment sa raison d'être et qui peut sans doute être géré sur un plan pratique, sa maman peut lui faire remarquer qu'elle en fait « un peu trop » et appeler à la modération.

Il s'agit ici d'un cas parmi tant d'autres. Mais un enfant peut chercher à se salir pour d'autres raisons.

On peut, par exemple, se demander si l'agressivité n'est pas souvent au cœur du problème. Peut-être ce sentiment, difficilement canalisé, s'exacerbe-t-il dans le jeu « sale » ? Ou peut-être l'enfant exprime-t-il, à travers son attirance manifeste pour la saleté, la mauvaise image qu'il a de lui (je me salis, je me rends laid, je ne suis pas aimable) ? Dirigée contre lui-même, cette agressivité peut aussi être dirigée contre les autres, un membre de la famille (je suis sale, je dégoûte les autres, je vais mettre ma mère en colère). Les adultes sont en effet souvent mal à l'aise avec un enfant ainsi attiré par la saleté.

Cependant, pour essayer de comprendre votre enfant, sans vous culpabiliser (après tout, il est bien normal que son comportement vous soucie et même que vous le désapprouviez), efforcez-vous d'en parler avec lui. Parler de lui, parler de vous. Et si la situation se révèle trop nouée pour tout le monde, mieux vaut consulter. Quelques séances chez un psy apportent souvent beaucoup de soulagement.

Que penser de ces nouvelles poupées qui font pipi, caca, qui bavent, etc., comme de vrais bébés. Peut-on jouer avec de la « saleté » en jouet ?

Ces poupées très réalistes ont un défaut essentiel qui est de structurer excessivement les possibilités de jeu et de couper court à l'imaginaire de l'enfant et à son investissement affectif du jouet. La poupée sale sur commande oblige l'enfant à traiter de la saleté en tant que réalité et non pas en tant que fantasme. Un tel poupon perd rapidement tout intérêt créatif.

Donc, il y a peu de risque qu'un enfant se complaise dans la saleté à travers de tels supports, très vite lassants !

Négocier avec votre enfant

Ainsi, même s'il est normal qu'un enfant se salisse, il y a tout de même des limites. Afin que la propreté de votre enfant ne se transforme pas en esclavage pour vous (parce que vous avez la hantise qu'il se salisse trop), comme pour lui (parce qu'il n'est plus libre de ses mouvements par peur de se salir), il est important de parler avec lui et de trouver des compromis.

Établir les limites

Nous l'avons vu, il est important de repérer si la saleté dont se couvre l'enfant qui joue fait simplement partie des aléas inévitables, ou bien s'il est sale parce que son jeu n'a visé que ce but, consciemment ou inconsciemment.

Demander à l'enfant à quoi il a joué permet souvent d'évaluer la situation et, à partir de cela, de rectifier le tir en renégociant éventuellement les conditions de jeu avec lui.

Car un enfant qui joue, surtout en extérieur, se salira presque inévitablement. Pour aider tout le monde à se détendre (l'enfant qui joue et vous qui le regardez jouer), il est utile d'établir souplement les limites du jeu : on peut marcher et même sauter dans les flaques d'eau, à condition d'être équipé pour cela, et à condition que cela ne dure pas des heures... Jouer au cheval à quatre pattes, soit, mais pas sur un sol rugueux qui risque de déchirer le pantalon...

Toutes ces paroles éducatives font leur chemin dans l'esprit de l'enfant. Et il faut faire confiance au temps... Vers 4 ou 5 ans, l'enfant apprendra volontiers (et plus facilement) à canaliser ses débordements et à jouer en liberté sans exagérer. Pourquoi ? Parce qu'à cet âge, même au plus fort du jeu, il devient conscient qu'il faut tenir compte de la réalité. Vous avez certainement entendu des enfants jouer à « faire semblant », à « on dirait que... » : ce sont les biais qu'ils ont su s'inventer pour s'amuser autant que leur imagination le leur demande tout en respectant les contraintes réelles.

« Les habits du dimanche »

Peut-être êtes-vous tentés d'avoir un enfant tiré à quatre épingles, adorablement habillé de jolis vêtements que vous avez choisis avec plaisir et amour... Souhaiter le mettre en valeur, à son avantage, est un mouvement naturel. D'ailleurs, arrive un âge où l'enfant lui-même est fier de porter des vêtements neufs, d'être « beau », de le montrer et de se l'entendre dire par les autres qui le complimentent sur sa tenue.

Néanmoins, l'usage de ces vêtements (esthétiques certes, mais souvent coûteux) est stressant pour le parent et contraignant pour l'enfant. Car être dans des vêtements dont il faut prendre soin, c'est ne pas être libre de ses mouvements. Le cadre du jeu devient trop pesant, la nécessité de faire attention aux habits inhibe l'action, mais aussi les pensées de l'enfant, qui ne sont plus spontanément dirigées vers le jeu. Il peut alors tourner en rond, et finir, faute de mieux, par solliciter l'adulte : « Maman, j'sais pas quoi faire... »

Par ailleurs, des rappels trop répétés concernant le soin et la propreté peuvent aller jusqu'à induire de la culpabilité chez l'enfant. Un dérapage (« Je me suis sali... ») est vécu comme une faute par rapport à la règle, qui fait redouter la moindre tache, provoque une angoisse disproportionnée. Non que l'enfant appréhende une punition : son angoisse est liée à l'idée de saleté elle-même.

Donc, au quotidien, et notamment pour aller à l'école, mieux vaut éviter les tenues qu'on ne doit pas salir, car elles peuvent être très gênantes pour le petit enfant, qui hésitera à se laisser aller aux jeux de groupe et à certaines activités. Il risque de s'isoler, de freiner sa socialisation, pour ne pas se tacher. D'ailleurs, dans certaines écoles maternelles, on revient à la blouse protectrice – non pour masquer les inégalités sociales, mais pour permettre de ménager les vêtements tout en laissant l'enfant libre de ses mouvements.

Soyez-en sûr, il est utile et pas si difficile de discuter avec l'enfant de ces questions – même et surtout avec l'enfant qui veut choisir ses vêtements le matin. Il insiste pour mettre des chaussures blanches alors que vous vous rendez au jardin ? Expliquez-lui combien il va être embêté, une fois sur place, et ouvrez-lui la perspective d'une occasion plus appropriée où il pourra porter les fameuses chaussures. Il tient absolument à jouer avec l'eau ? Très bien ! Mais pas sans tablier... Il ne veut pas porter le tablier ? Soit, c'est son droit, mais il ne jouera pas avec l'eau aujourd'hui, ce sera pour une prochaine fois, avec tablier. À lui de décider. Son intérêt et le vôtre sont ménagés par ce genre de négociations éducatives.

Il est donc inévitable que votre enfant se salisse, quel que soit son âge. Je pourrais presque dire que cela fait partie de son développement. Aussi, si vous le laissez expérimenter et que vous le soutenez dans son effort pour grandir, il apprendra tout naturellement à être propre. Et si jamais cela tarde à venir ou s'il survient quelques complications, n'hésitez pas à en parler avec lui.

6

Se tenir à table

Les repas sont peut-être les rares moments où vous avez l'occasion de vous réunir en famille, pour échanger, mais aussi de jouer votre rôle « civilisateur » auprès de votre enfant. Vous avez donc envie que s'y mêlent tout à la fois le plaisir de manger, la convivialité et les apprentissages des goûts variés, de l'habileté à utiliser les instruments, de la maîtrise corporelle, de la propreté... Quel défi !

Et pourtant, nous sommes tous prêts à le relever, parce que la question de la propreté et de la tenue à table est très sensible et dépasse celle de la stricte hygiène. Pourquoi ? Pour deux raisons, me semble-t-il : d'une part, manger évoque toujours en nous la voracité spontanée de l'animal (ne dit-on pas volontiers d'un enfant qu'il mange comme un petit cochon, ou d'un adulte qu'il se conduit comme un porc ?), à laquelle nous souhaitons substituer la civilité de l'être humain ; d'autre part, nous en sommes tous conscients, les manières de table sont un passeport social : bien se tenir, c'est s'assurer de « passer partout », de se sentir à l'aise et accepté parce qu'on est devenu capable de ne pas gêner autrui. Notre rôle de parents est donc d'aider nos enfants à intégrer ces règles sans trop de rigidité.

Manger proprement

Vous attendez avec impatience le moment où votre enfant se tiendra enfin convenablement à table. Mais, pour lui, il s'agit d'un apprentissage compliqué. Étant bébé, il a déjà dû s'adapter aux formes et aux goûts variés alors qu'il ne connaissait que le lait. À présent, vous ajoutez de nouvelles contraintes à son alimentation...

L'enfant, dans bien des cas, va donc souvent utiliser le moment du repas pour exprimer son individualité.

Manger, c'est exercer un pouvoir sur les autres

Quand Anne-Sophie, 2 ans, se met à table, tout le monde est aux abris... Surtout s'il y a de la purée, de la semoule ou des épinards au menu ! Elle en est toute barbouillée, et prend un malin plaisir à tripoter la nourriture, oubliant fourchette et cuiller. On dirait qu'elle n'accepte de se servir de ces instruments que pour taper au centre d'une assiette bien remplie et éclabousser !

Quant aux déjeuners de famille... Rude épreuve ! Anne-Sophie, fascinée par les spirales de concombre et les décors de mayonnaise réalisés par votre belle-mère, joue de plus belle avec le contenu de son assiette. La mine un peu crispée, votre mari déclare qu'il est grand temps d'apprendre à « votre » fille les bonnes manières à table !

L'enfant perçoit très vite les effets que provoque sur son entourage la manière dont il s'alimente : ses parents sont satisfaits s'il finit son biberon et accepte les soupes, ou inquiets, énervés, voire franchement en colère s'il boude ce qu'on lui propose au déjeuner.

La situation se corse au fur et à mesure que l'enfant grandit, puisque, outre la nécessité, pour faire plaisir, de manger de tout, s'ajoute celle de manger sans traîner, comme il faut, et proprement.

Par ailleurs, le moment où ce type d'exigence apparaît chez les parents coïncide avec la crise d'opposition de l'enfant. Tous les ingrédients sont donc réunis pour une bataille rangée...

Au désir de ses parents, l'enfant peut alors opposer un refus net – il repousse son assiette – ou masqué – il joue avec la nourriture et se salit ou en met partout.

La plupart du temps, on assiste au moment des repas à des refus alimentaires très banals, ou à des caprices, des lubies, témoignage d'une simple attitude d'opposition passagère qu'il faut prendre avec patience.

Maxime, 3 ans, ne veut plus manger de nourriture salée sans que l'on fasse l'avion avec la fourchette à chaque bouchée. Comment sortir de cette situation ?

Il paraît souvent tentant aux parents d'un enfant qui mange de manière capricieuse de faire un jeu du repas pour faciliter les choses.

L'ennui, c'est que ça marche ! Et le comportement alimentaire devient conditionné. Ce n'est plus la faim qui guide l'acte de manger, mais le plaisir du jeu et bien sûr la manipulation à laquelle se sont prêtés si gentiment papa ou maman...

Délicat dans ce cas d'opposer un refus franc et massif à un enfant déjà arrivé à ce stade de prise de pouvoir...

La meilleure manière d'en sortir est alors d'abord de différencier, avec l'enfant, dans les mots comme dans les attitudes, les moments de jeu et de repas : on proposera de faire l'avion avant ou, mieux, après le déjeuner.

Il est ensuite possible de cesser le jeu en expliquant à l'enfant qu'il est grand et qu'aucun grand ne mange de cette manière.

S'il persiste, acceptez son refus, mais en lui disant que cela le regarde et que, s'il ne veut pas manger, c'est son affaire. Soyez-en sûr : il recommencera assez rapidement à manger sans que vous ayez besoin de vous prêter à son jeu.

Dans certains cas, il arrive que, pour des raisons inconscientes, l'enfant se sente menacé par le fait de manger. Ainsi, on trouve des enfants de plus de 2 ans et demi qui refusent toute nourriture non moulinée. Car manger, c'est se servir de ses dents – pour mordre, déchiqueter... –, et cela renvoie l'enfant à son agressivité.

Mastiquer un temps infini, recracher, jouer salement avec le contenu de l'assiette peut être un moyen de ne pas manger, donc de ne pas utiliser ses dents et de gérer – assez douloureusement – l'agressivité. Il est important que vous ne stigmatisiez pas cette attitude à table tout en signalant calmement que cela ne vous convient pas. Peut-être votre enfant trouvera-t-il d'autres exutoires à son agressivité, qui lui permettront alors de mieux l'intégrer (arts martiaux, jeux libres, peinture...) et vous verrez alors ce symptôme gênant s'amenuiser.

Manger, c'est jouir d'une intense satisfaction

« Ma fille de 3 ans mange plus gaiement et plus volontiers quand elle touche la nourriture. Je ne vois pas pourquoi », s'interroge cette maman un peu lasse d'essuyer si souvent les mains de son enfant au cours du même repas...

Mais c'est qu'au plaisir de manger s'ajoute le plaisir du contact physique direct avec l'aliment ! Surtout à un âge où la manipulation est une activité prépondérante. La nourriture se prête facilement au jeu : petits cubes de gruyère que l'on empile pour faire un pont, purée qui devient une plage, morceaux de steak qui sautent de l'assiette...

À cet âge-là, l'enfant peut également avoir du mal à utiliser les couverts et se lasser au bout d'un moment. Si cela l'ennuie, il cesse alors de manger et passe à autre chose.

Avec les doigts, la manœuvre est évidemment plus facile, le petit enfant mange donc plus, en y prenant un réel plaisir. Quand l'enfant est aussi petit, pourquoi ne pas lui permettre de terminer certains repas ainsi, surtout quand la fatigue se fait sentir ? Ce qui n'empêche pas, parallèlement, de l'éduquer à bien manger.

Quand un enfant mange avec les doigts, il peut donc s'agir de pur bonheur, de fatigue ou d'un exercice d'entraînement à plus d'habileté.

Mais l'acte de manger est aussi symbolique : comme je l'ai déjà dit, les jeux de l'enfant à table et la manipulation de la nourriture constituent un déplacement : on touche au contenu de l'assiette parce que toucher ses excréments est interdit. En effet, l'apprentissage de la table et celui de la continence coïncident souvent dans le temps, l'enfant est censé apprendre à manger proprement à l'âge où il est entraîné à faire ses besoins dans le pot... Alors, il peut arriver qu'un apprentissage réussi sans difficulté dans l'un de ces deux domaines implique que l'autre soit moins évident : un enfant précocement ou facilement continent mangera peut-être très salement pendant un temps assez long.

Il paraît que ma fille de 4 ans mange proprement à la cantine, utilisant couteau et fourchette. À la maison, c'est une catastrophe, elle mange « comme un cochon » !

Bien des enfants acceptent mieux les règles quand elles sont données dans un univers plus neutre que la famille. Par ailleurs, dans l'esprit de l'enfant, l'école représente précisément un lieu où l'on apprend – par extension, où l'on apprend aussi à bien se tenir à table. Enfin, les tablées d'enfants sont parfois un bon lieu d'émulation : manger aussi habilement que le copain peut être un défi intéressant pour une petite fille de cet âge-là.

Pas d'inquiétude, donc, un jour votre enfant importera à la maison les bonnes habitudes acquises à la cantine. Et parfois aussi les moins bonnes...

Manger est un acte social

Savoir attendre le bon moment

Tout comme la propreté sphinctérienne, manger « comme il faut » et « bien se tenir » supposent que l'enfant ait une bonne maturité et physiologique et psychologique.

De même que pour beaucoup d'autres apprentissages, le dessin, l'écriture ou même la toilette, l'enfant procède par la mise en œuvre d'actes qui vont du plus grossier au plus complexe et au plus fin. Les réussites se font toujours à la suite de nombreux échecs qui sont autant de leçons et d'améliorations. Tant pis pour la nappe tachée !

Ainsi, manger avec les doigts n'est pas sale, contrairement à ce qui est souvent entendu. C'est la première étape que franchit un petit enfant pour apprendre à manger comme les grands.

En moyenne, une fois affiné l'usage des doigts (qui permet non seulement d'exercer la motricité fine, mais aussi de faire connaissance avec les textures et les consistances), l'enfant de 10 mois environ cherche à s'emparer de la cuiller. Comme il s'y prend à sa façon, il peut être utile non seulement de lui montrer le geste correct, mais aussi d'utiliser cette cuiller en alternance avec lui (une fois vous, une fois lui) tout en lui expliquant à quoi sert cet instrument qui n'est pas qu'un jouet. Ensuite, vers 18 mois, l'enfant sait reconnaître le côté bombé de la cuiller – il sait donc aussi la remplir – et vise sa bouche sans problème.

En revanche, il ne faut pas espérer un usage correct de la fourchette avant 30 mois (car piquer n'est pas un geste facile).

Pour ce qui est du gobelet ou du verre, on peut aider l'enfant de 15 mois à s'en servir, tout en sachant que boire seul ne s'effectue sans difficulté qu'à partir de 2 ans.

Faut-il le préciser ? Tous ces âges qui jalonneraient le parcours type ne sont que des repères, très variables d'un enfant à l'autre. Il n'y a donc pas lieu de s'inquiéter de ce que l'on appellerait à tort des « retards ». De ce point de vue, il faut le dire clairement : certains enfants détestent l'échec et, du coup, ils vont préférer attendre plus longtemps avant de commencer à manger avec des couverts, afin d'être sûrs de s'en servir parfaitement au premier essai. D'autres sont des explorateurs intrépides qui tentent la fourchette dès le plus jeune âge... Quitte à rater la bouche une fois sur deux !

L'envie d'imiter les grands

Manger proprement suppose aussi que l'enfant ait envie d'imiter les adultes sur ce plan-là. Cette disposition ne survient pas pour tous au même moment.

Certains vont accepter le maniement de la fourchette et respecter des règles sociales parce qu'ils considèrent que s'identifier est un processus positif. Les contraintes ne sont pas perçues comme telles, mais plutôt comme un accès aux manières des grands, un « passeport » valorisant. Manger proprement et correctement devient alors une sorte de promotion.

D'autres petits préfèrent rester bébés plus longtemps. Ils sont à une étape de leur développement psychique qui nécessite le retour/refuge à des repères antérieurs. Inutile alors de trop insister avec les ustensiles de grands. Fourchette, cuiller et couteau sont dédaignés, ignorés ou utilisés comme jouets. Ou bien, il y a des jours avec et des jours sans : l'exercice accepté la veille est refusé le lendemain – peut-être parce qu'il est bien agréable de laisser faire maman et de profiter avec elle d'un moment d'intimité privilégié...

Bref, bien souvent, l'enfant alterne ces deux attitudes concernant la manière d'être à table : tantôt dans l'identification positive (il mange donc le mieux possible et selon les règles), tantôt dans ce que l'on pourrait qualifier de « palier de stabilisation », voire de petites régressions (en mangeant comme il en a envie, avec les doigts bien souvent !).

Enfin, lors de changements matériels dans la vie de l'enfant (changement de domicile, rentrée scolaire...), nous allons le voir, la nécessité d'adaptation à d'autres rythmes et à d'autres repères entraîne parfois une régression dans les comportements. Tel enfant qui était propre à table et habile avec ses couverts peut alors redevenir pour un temps malhabile et très patouilleur avec la nourriture. Analyse de ses difficultés et patience seront alors bien utiles pour passer ce cap.

Manger à la table familiale

Manger est un acte de socialisation qui sera grandement facilité, si l'enfant est admis à la table familiale en même temps que ses parents.

Il est vrai que pour des raisons pratiques, nombre de parents font déjeuner et surtout dîner les enfants avant les grands.

Cet aspect pratique peut aussi avoir pour effet de cantonner l'enfant dans des attitudes peu matures sur la manière de manger à table : puisqu'il n'est qu'avec des petits, il n'a pas besoin d'adapter sa façon de manger à celle des adultes, encore moins de faire attention à manger proprement... Faire des efforts pour avoir un comportement adapté à cet environnement familial représente ainsi un moteur important au plan éducatif.

Pour qu'un enfant puisse bénéficier de votre modèle à table, il est important qu'il puisse l'observer, en direct, sans parler de l'aspect « promotion » que représente pour lui le fait de manger en votre compagnie et de pouvoir prendre part aux échanges, à sa mesure.

Dès le moment où il peut se tenir sur une chaise sur un rehausseur, soit vers 14-15 mois, il peut tout à fait participer aux repas, au moins en partie : les enfants ne restent jamais très longtemps à table ! Il aura ainsi loisir de participer à ce moment de convivialité que représente le repas familial et en tirer profit du côté des « bonnes manières », même si cela vous coûte, en tant que parents, de la patience et un peu d'imprévu en ce qui concerne le déroulement du repas.

Accepter les règles

Utiliser des couverts pour manger veut dire que l'enfant renonce à faire n'importe comment – c'est-à-dire selon son bon (dé)plaisir – et décide d'accepter des règles, de transiger.

Les règles concernant l'acte de manger dépendent du contexte socio-familial, comme d'autres mesures telles que l'heure du coucher ou le territoire délimité du jeu. Donc, qui dit règles dit autorité, et les rapports des petits avec l'autorité sont on ne peut plus fluctuants... Le moment du repas, je l'ai souligné au début de ce chapitre, est ainsi cet étrange carrefour où se mêlent plaisir de manger (en principe !), respect des règles et apprentissage (des goûts nouveaux, par exemple). Un enfant acceptera d'autant mieux les règles que son plaisir de manger sera respecté. Il aura alors vraiment envie d'imiter les adultes en mangeant le plus proprement possible, « comme un grand ».

Il y a évidemment les marques positives, des symboles de promotion : on remplace le bavoir par une serviette, l'assiette en plastique par une assiette de grand, le gobelet par un verre pas fragile, on ajoute un couteau (un petit tartineur, par exemple...).

S'il se tient mal à table...

Un de mes neveux, 3 ans et demi, se salit à table avec une satisfaction évidente, trempant ses mains dans son assiette, renversant son contenu sur ses genoux. Ses parents sont pourtant très stricts. Comment a-t-il pu en arriver là ?

Une attitude aussi régressive traduit à l'évidence un malaise. Veut-il qu'on le remarque, quitte à se faire gronder ? Réagit-il à un événement qui l'a déstabilisé, comme la présence récente d'un bébé au foyer ? Il peut aussi avoir été éduqué trop précocement à la propreté à table et réagir de manière opposante et agressive contre un ensemble de règles qui n'ont pas laissé en temps voulu place à l'expérimentation et à la manipulation nécessaires de la nourriture...

Comment réagir ?

L'âge de l'enfant est déterminant dans l'attitude à avoir devant trop de débordements. Un enfant de moins de 6 ans peut avoir des ratés ou être particulièrement maladroit sans qu'il soit utile de le punir. Il a alors plutôt besoin de conseils pour faire mieux.

Le contexte est à apprécier finement afin d'évaluer une éventuelle opposition familiale, masquée derrière une attitude sale à table. Il est important dans ce cas de donner à l'enfant les moyens d'exprimer son désaccord en déplaçant l'agressivité sur le terrain verbal afin qu'elle s'exprime plus directement.

Si, malgré cela, des comportements dérangeants pour la communauté familiale persistent, on peut réagir par une mise à l'écart temporaire et modérée. Dans tous les cas, il est important que la table ne soit pas assimilée, comme cela arrive, à un champ de bataille où punitions et ripostes pleuvent. Les conflits peuvent se régler en dehors.

La rentrée à l'école a été catastrophique : mon fils de 5 ans, Paul, n'aime pas du tout sa maîtresse. À la maison, il casse ses jouets, mais c'est surtout au moment des repas qu'il se montre particulièrement insupportable : il mange de nouveau avec ses doigts et se barbouille de nourriture. Je le sens en difficulté, mais je ne peux pas le laisser faire !

Face à une difficulté, chaque enfant a sa propre manière de réagir, en relation avec son histoire.

Quand un enfant régresse, il revient souvent à une période qui lui convient et lui rappelle des moments de sa vie où il était plus heureux. Par exemple, dans le cas décrit, Paul paraît bien se comporter comme un enfant de 2 ans et demi environ, libérant une agressivité à coloration anale (salir, se salir et détruire). À cette période, il n'allait pas encore à l'école... cette école qui aujourd'hui lui pose tant de problèmes, justement ! Il exprime sans doute son agressivité selon des modalités datant d'une époque où la vie était plus facile pour lui. Alors, en ce moment, il a peut-être besoin qu'on le nettoie, un peu comme quand il était petit, et qu'on répare ses jouets, manière symbolique de se faire soigner lui aussi de ses déboires à l'école.

En tout cas, Paul a besoin d'exprimer son malaise, mais aussi de rencontrer des limites. Il est important de préciser avec lui les lieux où il peut se laisser aller... et la table n'en fera peut-être pas partie !

Donner l'exemple

Hélène raconte que son neveu Adrien, 5 ans, mange plus vautré qu'assis, que ses parents n'ont pas l'air d'en être gênés... Elle se demande s'il ne faudrait pas lui faire une remarque ou deux de temps en temps sur le sujet, et surtout pourquoi certains enfants ont du mal à avoir une attitude correcte à table...

Le laisser-aller corporel à table – comme de s'effondrer ou presque – peut être signe que l'enfant ne réussit pas à prendre conscience de la nécessité d'avoir une attitude adaptée à l'environnement du moment. Par exemple, il saura se tenir à la cantine ou chez les copains (où les limites sont sans doute plus marquées ?), mais se laissera aller à la maison.

La signification d'un tel type de comportement – à un âge où un enfant peut se tenir – est sans doute double. Peut-être les parents considèrent-ils encore leur enfant comme un gros bébé qui a le droit de manger et de se tenir n'importe comment... Peut-être l'enfant, en conséquence, adopte-t-il en réponse l'attitude régressive autorisée et même banalisée par les parents. Et c'est ainsi que se salir à table, ne pas se tenir bien, devient un état de fait dont personne, ni l'enfant ni le parent, ne saurait être tenu pour responsable...

Le modèle que nous offrons comme parent à table est évidemment d'une importance capitale pour une bonne évolution des manières de manger de l'enfant. Sachant que les mauvaises habitudes se prennent vite, attention à nos manières, sous les yeux de ce petit spectateur attentif !

Tenons également compte du fait qu'il est

difficile pour lui de s'y retrouver entre certaines tolérances, socialement admises, comme manger certains mets avec les doigts, sans y rajouter de mauvais réflexes (goûter la sauce avec son doigt, boire à la bouteille...).

Enfin, pour nous aider à relativiser, gardons à l'esprit que les manières de manger et de se tenir à table sont liées à des conventions et à des habitudes qui varient selon les pays, les époques. Par exemple, rappelons-nous que l'humanité a mis des siècles à se tenir à table comme nous le faisons aujourd'hui, et qu'il serait donc illusoire d'imaginer que nos enfants, eux, puissent en quelques mois accéder au degré de propreté ou de civilité que leurs ancêtres ont mis tant de temps à acquérir !

Nous savons aussi que, chez certaines populations, tous les convives mangent en plongeant la main dans le même plat ; qu'il peut être bien perçu d'émettre certains sons en mangeant (roter, mais aussi mâcher bruyamment)...

En apprenant à bien se tenir à table, un enfant doit donc surtout s'intégrer à un environnement socioculturel.

Conclusion

Vous l'aurez compris, l'apprentissage de la propreté implique bien plus que des notions d'hygiène et de bonne tenue. S'il est aussi délicat parfois, c'est qu'il touche le petit enfant dans ce qu'il découvre et qu'il essaie de s'approprier : son corps. C'est pourquoi tout ce qui lui est imposé de façon trop autoritaire en matière de propreté risque d'être interprété par lui comme une tentative de le déposséder de lui-même.

Il est donc très important que nous, parents, prenions conscience du développement de notre enfant et acceptions son individualité. Nous pourrons ainsi l'accompagner avec patience, douceur et compréhension, dans cette prise en charge progressive de son corps.

Et, comme j'ai souhaité le mettre en avant tout au long de cet ouvrage, je tiens à rappeler les bienfaits de la parole lorsqu'il s'agit d'éviter des conflits qui ne mèneraient à rien. En dialoguant avec votre enfant, non seulement vous connaîtrez ses sensations et ses désirs, mais vous lui montrerez aussi que vous tenez compte de son avis. Cela vous permettra de dédramatiser les éventuels problèmes et de trouver des compromis.

Table des matières

Imprimé en France par Brodard et Taupin
en février 1999
pour le compte de Bayard Éditions

Dépôt légal : mars 1999 – N° d'éditeur : 4509
N° d'impression : 6569V